JN021135

原爆裁判

アメリカの大罪を裁いた三淵嘉子

山我浩 著

毎日ワンズ

本書に寄せて

三淵嘉子《みぶちよしこ》をモチーフにしたＮＨＫ朝の連続テレビドラマ「虎に翼」が話題となっている。今年四月から始まったドラマの平均世帯視聴率は一カ月を経過した時点で一六・六％（ビデオリサーチ調べ、関東地区）で、その後も最高記録を更新するなど、好評を博している。

では主人公のモデル、三淵嘉子とは一体、どのような人物だったのだろうか。

三淵嘉子は、第一次大戦が勃発した一九一四年（大正三年）一一月一三日、台湾銀行勤務の父・武藤貞雄と母ノブの長女として裕福な国際色豊かな家庭に生まれた。女性は結婚して家庭に入り良妻賢母になるのが当然とされた時代に、進歩的な思想の持ち主だった父・貞雄は「普通のお嫁さんになるよりも、専門の仕事を勉強して、医者か弁護士になりなさい」と勧めた。発奮した嘉子は父の教えに従って一九三二年（昭和七年）、女子に唯一法学の門戸を開いていた明治大学専門部女子部法科に入学、明治大学法学部へ進学し、卒業生総代を務めるほどの成績を修めた。一九三八年に司法試験に合格。一九四〇年六月、日本で最初の女性弁護士となり、働く女性（ワーキングウーマン）の仲間入りを果たした。

一九四一年一一月五日、嘉子（二八歳）は「見合い結婚全盛」の当時としては珍しく、見染《みそ》めていた会社員の和田芳夫と求愛結婚で一緒になった。そのわずか一カ月後に日本は米国に宣戦布告、太平洋戦争に突入した。一九四三年一月には長男が誕生、だが日本の敗色が濃くなり、温かい家庭の幸せな日々は長くは続かなかった。家族、親族、国民にも戦争の悲劇が襲ってきた。

一九四四年（昭和一九年）六月、出征していた弟で武藤家の長男が戦死、夫の芳夫も一九四六年一月に戦病死する。

一九四五年三月一〇日には東京にB29による無差別絨《じゅう》毯《たん》爆撃（ジェノサイド）が加えられ、東京は「死の町」と化した。嘉子は幼い子供を連れて福島県の農家に疎開、藁ぶき屋根の倉庫で暮らし、サツマイモなどを栽培しながら飢えをしのいだ。

一九四五年八月一五日、ついに終戦。帰京すると東京は一面焼け野原の焦土と化していた。一九四七年には父母が相次いで病死。残された「シングルマザー、ワーキングウーマンの嘉子」は弟三人と子供をかかえて必死になって働く。彼女は殺戮と破壊による戦争の悲劇と残酷さを嫌というほど体験した。

新憲法が発布されると男女平等は憲法第一三条で保障された。家族制度の廃止、家督相続が長男子一人に承継する戸主権も否定された。旧憲法下で「裁判官任官は男子のみ」という規定も、新憲法では否定される。そこで一九四七年（昭和二二年）二月、嘉子は最高裁に「裁判官採用願」を提出、認められて司法省の民事部民法調査室に配属された。

このとき嘉子は新民法の草案を読んだ。家族制度に関わる条文が削除され、妻の無能力制度も廃止、婚姻の自由、夫婦別産制、均分相続制度などの内容が盛り込まれていた。「女性が家の鎖から解き放たれ、自由な人間として、すっくと立ち上がったような思いがして、息をのんだものです」と嘉子はこの時の感動を生涯忘れなかった。

戦後、国は「家庭の幸せ、子供や少年少女の幸福が国の幸せに通じる」を信念とし、家庭裁判所の誕生に力を注いだ。一九四九年（昭和二四年）一月、日本に初めての家庭裁判所が全国四九カ所に作られた。設立後四カ月間で、戦死した兵士の遺児を養子として引き取る「養子の許可」が二万五九〇〇件、離婚などによる「子の氏の変更」も二万件に上った。

また戦災孤児の対策、保護、救済にも熱心に取り組んだ。その中心メンバーは嘉子らで、「家庭に光を、少年に愛を」「家庭裁判所は『愛の裁判所』である」と訴え、その発展に生涯を捧げた。
新潟家庭裁判所所長、浦和家庭裁判所所長、横浜家庭裁判所所長を歴任、嘉子が「日本最初の女性裁判所所長」「家庭裁判所の育ての親」と呼ばれる所以《ゆえん》である。

三淵嘉子の数多《あまた》の関連本を調べてみると、すっぽり抜け落ちているのが、嘉子が裁判官として「アメリカの原爆投下は国際法違反である」とする判決を下した経緯である。そして唯一、この点を深掘りしたのが本書なのである。

嘉子は一九五二年（昭和二七年）、名古屋地裁に初の女性判事となって赴任する。一九五六年（昭和三一年）には、裁判官の三淵乾太郎《けんたろう》（初代最高裁長官・三淵忠彦の長男）と再婚。お互いに子供のいる縁組で、和田姓から三淵姓になり、同年、東京地裁判事に就任した。

東京地裁では一九五五年（昭和三〇年）、広島と長崎の被爆者五人が起こした「原爆裁判」を担当した。同年二月から一九六三年（昭和三八年）二月まで、九回の口頭弁論が開かれたが、三淵嘉子（右《みぎ》陪席、次席裁判官）は第一回口頭弁論から結審まで一貫して担当し続けている。その間、裁判長と左《ひだり》陪席（嘉子の後輩裁判官）は何度か交代している。

ところが嘉子は、この原爆裁判の経緯、判決について、一切書いたり、述べたりしていない。

裁判官の守秘義務を果たしたのだろうと私は推測している。では、誰がこの画期的な判決文を書いたのだろうか。一〇年しか経っていないホットなイシューの原爆問題について、自分の悲惨な戦争体験に照らし合わせても、一番書ける、書かなければならない立場であり、左陪席とは二〇歳くらいの年齢差があった彼女が中心になって、書いたのではないかと思われる。

一九六三年一二月七日に原爆裁判の判決が下った。

判決では被爆者への賠償は認めなかったものの、

「広島市、長崎市に対する原子爆弾による爆撃は、無防守都市に対する無差別爆撃として、当時の国際法から見ても明らかな違反である」

「国家は自らの権限と自らの責任において開始した戦争により、国民の多くの人々を死に導き、傷害を負わせ、不安な生活に追い込んで甚大な被害を与えた。十分な救済策を執るべきである」

と、世界で初めて「原爆投下は国際法違反」と明言、日本政府に被爆者への支援策を強く促したのである。この判決の結果、「原爆特別措置法」が制定され、その後、「被爆者援護法」も制定された。さらには、世界的には判決から約半世紀遅れたが、「核兵器禁止条約」の成立にもつながった。

二一世紀、ＡＩ（人工知能）時代が開かれようとしている今、世界は二〇世紀の「戦争の時代」に逆戻りしつつある。ウクライナ戦争、イスラエル対ハマス戦争、台湾有事、北朝鮮の核開発などにより、第三次世界大戦前夜のような危機的な雰囲気になってきた。

それに加えて世界は今「ジェンダーフリー」時代に突入しており、中でも日本のジェンダーギャップ指数（二〇二三年度）は一四六カ国中一二五位と最低ランクで、これが、日本の緊急課題になっている。三淵嘉子はこの分野でも先駆者であったために、改めて再評価されているのだ。

本書は、前半で「原爆開発から広島・長崎への原爆投下の歴史」と、これまであまり知られてこなかった、三淵嘉子が携《たずさ》わった原爆裁判をテーマに書き進められ、さらに「原爆投下は国際的な戦争犯罪」とする判決文の全文も掲載している。

連日ニュースやＳＮＳ、ＹｏｕＴｕｂｅ等でリアルに報道されているロシアによるウクライナへのジェノサイドの実態、ガザ地区で起きている民族戦争の惨状、本書はそれらの政治・軍事・歴史的な背景を知るための座右の書にもなる、衝撃的な一冊である。

前坂俊之（静岡県立大学名誉教授）

原爆裁判

アメリカの大罪を裁いた三淵嘉子——目次

本書に寄せて……1

第一章　死の商人と呼ばれた男

死の商人・エドガー・サンジェ……16
異常な高純度のウラン鉱石……17
アメリカ軍との交渉……21
原爆開発の責任者、グローブス……23
世界はアメリカが動かす……26
第二の核保有国、核の拡大……30

第二章　原爆が投下された日

原爆投下を自らの使命とした男……36
原子爆弾をやめさせようとした人々……37

マンハッタン計画とオッペンハイマー……40
真珠湾攻撃への復讐……42
「原爆投下は必要なかった」……45
投下第一候補は京都だった……50
初の原爆実験……55
投下……57
そのとき、日本は……59

第三章　放射線との戦い

グローブスの居直り……64
オッペンハイマーの嘘……66
広島、長崎への調査団……69
「ヒロシマとナガサキには放射能がない」ことを証明せよ……70
「廃墟ヒロシマに放射能はない」……73

世論操作 …… 75
ウォレン大佐の真実 …… 77
禁じられた原爆報道 …… 80
ルポルタージュ「ヒロシマ」 …… 83
初志を貫いたコリンズ中尉 …… 85
グローブスがついた真っ赤な嘘 …… 87
「すべてを忘れろ」 …… 90
陸軍特殊兵器計画 …… 93
抑止なき核実験の果てに …… 95
第三の被ばく …… 97
死の灰 …… 100
終わらない悲劇 …… 103
核科学者、レベンソール …… 105
黒い雨 …… 108

第四章　アメリカはお友達？　だが……

オッペンハイマーが伏せた不都合な真実 …… 116
疑惑の通話記録 …… 120
日本人は「けだもの」…… 122
フランク・レポート …… 124
原爆投下はホロコースト …… 127
GHQに没収されたデータ …… 131
原子爆弾のネタ本？…… 133

第五章　女性弁護士三淵嘉子の誕生

日本初の司法試験女性合格者、という一歩 …… 138
結婚と家族、苦楽の日々 …… 142
敗戦と日本国憲法 …… 144

第六章　家庭裁判所の母

裁判官採用願を提出する……150
家庭裁判所誕生……154
駆け込み寺、家庭裁判所……157
家庭に光を、少年に愛を……160
アメリカ視察……162
向けられた刃……166
日本初の女性判事、名古屋地裁に転勤……168

第七章　原爆裁判

原爆裁判始まる……174
原爆投下後の惨状……176
アメリカによる原爆投下は国際法違反である……178

政治の貧困を嘆く……180

第八章　三淵嘉子の終わりなき戦い

誰にも負けない家裁のベテランに……186
繰り返される差別発言……188
三淵嘉子の涙……190

「原爆裁判」判決文……193

おわりに……264

＊「原爆裁判」判決文中の編集部注釈には「＊」を付しました。
＊本書には、今日では差別的と解釈されかねない表現をそのまま表記した箇所がありますが、差別を助長する意図は一切ないことをお断りいたします。

毎日ワンズ編集部

第一章　死の商人と呼ばれた男

死の商人・エドガー・サンジェ

一九四五年（昭和二〇年）八月六日、アメリカ軍は広島に、人類史上初めての原子爆弾、高濃縮ウランを使った「リトルボーイ」を投下した。三日後の八月九日、二発目の原子爆弾、プルトニウム（原料はウラン）を使用した「ファットマン」を長崎に投下した。この二発の原子爆弾はその年だけで二一万人ともいわれる日本人の尊い命を奪った。

アメリカが史上初の核実験をニューメキシコで行ない、成功させたのは七月一六日、広島投下の三週間ほど前のことだった。科学者や軍人たちが見守る中、辺りは黄、紫、青など、どぎつい色彩の光に照らし出され、その直後巨大な火の玉が舞い上がると、白煙の渦が上昇していく。

様々に立てられたあらゆる予測を超えて実験は成功し、戦争の概念を変えるまったく新しい、核の時代が幕を開けた。

解き放たれた核のエネルギーは大国の欲望を駆り立て、圧倒的な力による威嚇を強め、禍いを繰り返していく。

第二次世界大戦にあって、最も重要な役割を担いながら、これまでほとんど知られていなかった人物がいる。「原爆・謎の男」とも囁かれてきたエドガー・サンジェである。彼が時代の生んだ注目すべき巨魁《きよかい》であることに間違いはない。しかし、むしろ彼は時代に先んじ、ややもすれば早すぎた感さえある「時の人」であった。

異常な高純度のウラン鉱石

ベルギー最大の財閥系鉱山会社ユニオン・ミニエールの幹部として数多の大取引に関わり、この分野に早くから名を馳せたサンジェにとっても、生涯最大のビジネスとなったのはこの「ウラン」である。しかも彼という存在がなかったなら、アメリカの原子爆弾の開発は不可能だったといわれる、唯一無二の男であった。

サンジェの幅広い活動は、自身が残した三万ページにも及ぶ資料から窺うことができる。それは長い間非公開資料として、彼の祖国ベルギーの国立公文書館に収められてきた。これまで極秘とされてきたこれらの資料は、ユニオン・ミニエールの後継となる会社により特別に公開されたものだ。

そこには、アメリカ軍とのウランの取引が記録された資料、サンジェ自身の覚書や手書きのメモ、さらには晩年に書き残した手記などが含まれていた。戦時中数々の国々を渡り歩いた記録が記されたパスポートもあった。そこここに外交官用のビザの印鑑が捺されており、彼が外交官に準ずる立場で世界各国に渡航していたことが知られる。

その彼がウランと出会ったのは、原子爆弾が開発される二〇年以上も前のことだ。サンジェはアフリカのコンゴに責任者として派遣されたところだった。

ユニオン・ミニエールの鉱山があったコンゴは、当時ベルギーの植民地である。同社収益の中心をなすのは銅であった。仕事に厳しい会社人間で、やり手として社内で頭角を現していたサンジェは、銅の生産を任されていた。新しい鉱山で鉱物産出全体を見ていた彼は、その中で少々特異な動きに目を引かれた。

「コンゴのウランを発見したことは、私たちにとても興味深い驚きを与えてくれた」

と一九二一年（大正一〇年）に、当時四〇代のサンジェは語っている。

異常なほど純度の高いウラン鉱石、すなわちウラン鉱では良質とされるアメリカ産、カナダ産でも〇・二〜〇・三％の酸化ウランしか含まれないのに、コンゴの鉱石のウラン含有率はなんと六五％にも上るのだ。

しかし、この頃のウラン鉱石はほとんど活用されていなかった。商業的な価値が極めて低く、活用方法は考えられなかったのである。

「とはいえ、これほど純度の高いウランは他にない」

そのことに秘められた可能性をサンジェは切り捨てなかった。「もし、いつかこの鉱石の活用法が見つかれば、その新しい市場を独占できる」。

彼は先行投資をすることに決めた。

サンジェは、ウランの試掘を行ない、慎重に利権を確保し、ウラン鉱床を開発するために必要な措置を講じた。あるいは、彼のそれまでの実績が高かったことが、当時市場価値の高くなかったウランへの投資を容認させたのかもしれない。会社への貢献を高く認められていたサンジェは、現地の鉱山開発を一手に任されていたのである。

しかしその後もウランの用途は見つからなかった。ユニオン・ミニエールのウラン鉱山は大量の在庫を抱え、一九三七年（昭和一二年）には一時閉山を余儀なくされる。

ところがその翌年のことである。ヨーロッパで、ある「発見」があった。ドイツ人化学者がウランの核分裂反応を見つけ出したのである。ウランの中にわずか〇・七％しか含まれていないウラン２３５に中性子をぶつけると、原子核が二つに分裂する。ウラン２３５を濃縮すると、この反応を連鎖的に起こさせることが可能になり、天文学的な力を引き出せることがわかったのだ。

　これにより、それまでほとんど認められなかったウランの市場価値が一変する。

　核分裂の発見に至ったドイツ。当時のドイツはナチスが急速に台頭していた。ドイツが核による巨大なエネルギーを手にするのではないかと、周辺の国々は懸念し、ヨーロッパには緊張感が張りつめていた。

　サンジェの鉱山商人としての嗅覚と視野、周到なテクニックが、稀有な巨大ビジネスを引き寄せた。彼は欧米列強などからの熱い視線を一気に集めることになる。彼のもとには問い合わせが相次ぐ。

　サンジェはイギリスを訪れた。そこで「コンゴのウランを提供してほしい」という申し出を受けた。イギリスを代表する化学者ヘンリー・ティザードだった。ティザードはその用途を明かすことはなく、サンジェも曖昧な態度で応じた。

　ティザードは別れ際にいった。

「ウランが敵の手に渡れば、あなたの国や私の国にとって大惨事になるかもしれない。あなたが手にしているのがそういうものだということを決して忘れないでください」

　その数日後サンジェはフランスでもノーベル賞を受賞した化学者ジョリオ・キュリーと面会

している。彼からも、「ウランを爆弾の研究に使いたい」と売却を求められた。サンジェが保管してきた大量の在庫の価値を改めて確認させる動きだった。

彼は極めて質の高いコンゴの鉱石の戦略的重要性を確信するに至った。

アメリカ軍との交渉

一九三九年（昭和一四年）九月、ドイツがポーランドに侵攻し、第二次世界大戦が勃発する。ドイツは次々に占領地を拡大し、一九四〇年五月にはオランダやベルギーへの侵攻を始める。ここで思わぬ事態が発生する。ベルギーのユニオン・ミニエールが接収され、本社に保管されていたウランの一部がドイツ軍に押収されてしまったのだ。

しかし、このときサンジェは驚くべき行動に出ている。

彼はいつか、ドイツがベルギー領コンゴに侵攻することを恐れていた。すなわち侵攻により、コンゴに残されていたウランをドイツ軍に奪われてしまうというリスクをひしひしと感じていたのである。実際、サンジェがベルギーの本社に送ったウランが、途中でドイツ軍に押収されてしまうという事件も起きている。

そこで彼は、「ウラン」という名前を伏せて、「極めて質の高い鉱石」を、秘密裏にニューヨークに出荷するよう指示した。コンゴに在庫していたウラン一二〇〇トンを、会社に無断でアメリカに運び出したのだ。

しかしこの大胆な行為は、彼の会社とアメリカにとっては、この時点では正しい選択だったというべきである。ウラン一二〇〇トンのアメリカへの移送は、世界の歴史を大きく変える一ページとなった。

当時のドイツはすでに核分裂の発見によって、少なくとも近い将来、原子爆弾を作り出す可能性を高めていた。降伏したベルギーから主原料のウランも押収しており、そのことが、サンジェの心にも深い危機感を募らせていた。そして仮にドイツが、その後の原料調達を他国から仰ぐとしても、接収されたユニオン・ミニエールがまともな交渉対象になる可能性はほとんどあり得なかったのだ。

何よりも重大なことは、コンゴ産ウランの在庫をドイツ軍の手に渡さないことだった。そのためにあらゆる手段を講じなければならなかった。

そのときコンゴ産ウラン鉱石はニューヨークの中心から一〇キロほど離れたスタテン島に持ち込まれていた。

すでにアメリカでは、ドイツの核開発に対抗して、ウランの活用が本格的に検討されていた。サンジェはニューヨークに事務所を開設し、人脈を広げながらウランの売り込みを画策し始めた。一年が経った頃、状況は大きく動き始める。一九四一年（昭和一六年）一二月、日本の連合艦隊が真珠湾の米艦隊を攻撃したことによって、アメリカが第二次世界大戦に参戦したのである。

日本がアメリカに宣戦布告したわずか数日後、サンジェはアメリカ国務省の戦略物資担当者に接触した。彼は日米開戦をビジネスチャンスととらえ、積極的にアメリカ側に働きかけた。

一九四二年三月二四日から四月一四日まで、「極めて純度の高いウラン鉱石の貴重な在庫」「あり余るほどのウランの在庫がある」など、確認できるだけで五回の売り込みを、サンジェはかけていた。彼はアメリカ側の反応を待った。

原爆開発の責任者、グローブス

コンゴがドイツに占領されれば、世界のウラン市場から断絶される、とサンジェは予測していた。アメリカでは核開発に関する議論が始まり、続いていた。サンジェは販路の大きな可能性を見出し、疑わなかった。そこには冷静に利益を追求するビジネスマン・サンジェがいた。彼は相手のニーズを見越した売り込みを仕かけることで先手を打っていたのだ。

サンジェという人物について、アメリカは入念に探っている。その結果、サンジェがフランス系であり、反ドイツ主義者であることが分かった。

そして最初の売り込みから半年後、やっとアメリカ側からの働きかけがあった。一九四二年九月一八日、サンジェはアメリカ陸軍中佐ケネス・ニコルズと会談する。ニコルズは原爆開発ではなく、原料の調達を担っていた人物である。

ちょうどその頃、原爆開発の極秘プロジェクトとして「マンハッタン計画」が本格的に始動していた。計画の総責任者に就任したレスリー・グローブス大佐はその翌日、側近のニコルズ中佐をサンジェのもとに派遣した。

「中佐、あなたがここに来た理由は分かっていますよ」

サンジェは覚えたての英語で語りかけた。「ビジネスの話をするためですよね？」。

それから彼は、「我々はニューヨークのある場所に、二〇〇〇本のドラム缶を保管している。その中身は大量のウランである」と伝えた。一時間後、ニコルズ中佐は、一枚の黄色い紙切れを持って、サンジェの事務所を去った。

黄色い紙は二人が交わした即席の契約書だった。そこには、サンジェがアメリカに持ち込んだ一二〇〇トンのウランに加え、まだコンゴに保管されていた残りの在庫ウランもすべてアメリカが買い取ることが記されていた。

サンジェはニコルズが契約の責任担当者であることを事前に確認し、権限の大きさを測っている。そして取引が軍事目的であることにこだわり、軍事目的であることを保証させた。彼は常にビジネス価値を追求し、そのチャンスが大きくなることに喜びを見出していたようだ。

彼のビジネスにとっては、ウランが軍事的に意義あることが重要であった。原子爆弾はその究極にあったが、その想像を絶する結果について、この死の商人にとっては、少しの疑問を抱くことも困難であったのではないだろうか。

いずれにせよ、かつてない高純度のウランを大量に手にしていたサンジェが、それをドイツではなくアメリカに手渡したことについて、他のシチュエーション（例えばイギリスやソ連）を想像することは難しい。

世界はアメリカが動かす

高純度なウランを独占することに成功したアメリカは、その後テネシー州に秘密都市オークリッジを建設、ここでウラン235の濃度を高める濃縮作業に着手する。

当時、米陸軍の設計技師として現場の作業に携わっていたハル・ベルは、早い段階でウランが手に入ったのはまさに渡りに船だったという。

「コンゴ産ウランは欠かせなかった。すぐに入手できたので、そのまま一気に原子爆弾開発にかかれた。これがなければ計画はもっとずっと後れることになっただろう」

現場は戦場と化した。現実の日米戦争が激しくなっていたが、後方の現場でも、みな懸命に働いた。長時間の労働を重ね、「勝つために」と祈りながら、働き、闘っていたのだ。

その一方で、アメリカはヨーロッパ各地にスパイを送り、ドイツ国内での原爆開発の進捗《しんちょく》をも調べていた。調査の結果、原子核の理論はドイツが先行していたが、ヒトラーはミサイルの開発に熱心で、原爆の開発には理解を示していないことが明らかになってきた。

自分たちだけが原爆を手にすることができると、アメリカは確信した。そしてこの頃からアメリカは、核の力を独占することで戦後の世界を自ら主導しようとさえ考え始めていた。そのことがサンジェの資料から窺い知ることができる。

やがてアメリカは、コンゴの鉱山から採掘されるすべてのウランを提供することを求めるとともに、以降九九年間にわたる専買権を保証する契約を結べという過大な要求も突きつけてきた。

政商でもあったサンジェは、国家、特に軍隊を背にした国家との交渉の難しさは、いやというほど認識していたはずである。しかし、まさに軍事秘密に関わる物資の取引では、その難しさは増し、独特の性格を帯びてくる。それと同時に、ビジネスチャンスの大きさ、利益構造にも魅力的なものが絡まってくるのだ。

一九四四年（昭和一九年）九月、サンジェの仲介により、アメリカとイギリスは、ベルギーの亡命政権との間に秘密協定を結ぶ。当時閉山していたコンゴのユニオン・ミニエールの鉱山を再開発し、その採掘する鉱石を、アメリカとイギリスが将来にわたって独占的に購入するという契約だった。

サンジェがアメリカに手渡したウランから二発の原子爆弾が生まれ、一九四五年（昭和二〇年）八月、広島と長崎の市民の頭上に投下された。広島では一四万人、長崎では七万人の命が一瞬のうちに無差別に奪われた。死者も生者も業火に身を焼かれ、子孫までもが死の苦しみに襲われ続ける。

マンハッタン計画の総責任者グローブスは、コンゴ産ウランの重要性について、政府中枢にこう報告していた。

「世界のどこかで、いかなる鉱石が発見されたとしても、他ならぬコンゴの鉱石がウラン生産の大部分を支配することに変わりはなく、それこそまぎれもない事実である。アメリカとイギリスにとって最も望ましい方法でコンゴのウランを管理し、掌握することが世界の安全のために重要である」

アメリカは、ウランを制する者が核開発を制することに気づいた。戦後世界を見据え、その大きな流れを引き寄せようとしたとき、核使用の方法は大きく変わりつつあった。

第二次世界大戦が終局を迎えつつあったとき、彼らの標的と目されたのは、当時、徹底抗戦を続けていた日本だった。

原爆の投下は早期に戦争を終わらせるためだった、とアメリカは一貫して主張してきた。しかし歴史家は、核を独占した上でその威力を見せつけることこそ、アメリカにとって必須であったと指摘する。

「アメリカは原爆を日本に使用することで、国際秩序すべてが見直されると期待していた」

スティーブンス工科大学のアレックス・ウェラースタイン准教授はいう。「原爆を使うことが単に兵器としてだけでなく、同盟国や敵対国に対する交渉の切り札になると考えたのです」。

長崎に原爆が投下された八月九日、サンジェはホワイトハウスに招待されている。

「この方の協力がなければ、マンハッタン計画は実現しなかったでしょう」

グローブスから勲章を授与されるサンジェ（右）

原爆開発の責任者、グローブス少将がサンジェを紹介する。

アメリカの名だたる政治家や将軍たちが彼のテーブルに近づき、原爆投下を祝福する。その翌年彼は、戦争終結に多大な貢献をしたとしてトルーマン大統領から、外国人としては初めて、アメリカ合衆国功労章を授与された。

戦時中、彼がウラン取引によって会社にもたらした収益は、当時のベルギーの国家予算を上回る膨大な額に及んだ。

唯一の核保有国となったアメリカは、その後も世界で核実験を繰り返し、力を誇示していった。

アメリカは大きな勝利を収めた。疑いようのない圧倒的な勝利である。しかし完全な勝利を遂げてもなお、満足することなく、サンジェからコンゴ産ウランを買い続け、核実験を行ない続けて、原子爆弾をより重要視するようになっていく。原爆を独占していたからこそ、原爆を最も恐れたということか。

アメリカのウラン独占は、その後の世界を運命づけた。果たしてその重大性を、サンジェは自覚していただろうか。

第二の核保有国、核の拡大

ところが、アメリカの原爆独占は長くは続かなかった。独占が途切れるきっかけとなったのも、サンジェのウランだった。戦時中ドイツに奪われていたベルギーのウランの存在に強い関心を持っていた国があった。ソ連である。

ソ連は連合国側だったが、アメリカの投下した原爆の脅威を肌で感じていた。大戦末期、原爆の有効性に気づいたドイツは科学者を総動員して、核開発を推し進めていた。ソ連はコンゴ産ウランがドイツ国内に隠されていることを突きとめている。ドイツが降伏した直後、北部ドイツの工場で一〇〇トンを超すウランを見つけ出す。

ドイツから押収したウランは、連行されたドイツ人科学者が建設したソ連の原子炉に使われた。そして一九四六年一二月二五日、原子炉内で核分裂が起き、臨界点に達した。

彼らが開発した核爆弾に使われたコンゴ産ウランは、ソ連の核開発を前進させるうえで非常に重要な役割を果たすことになった。

一九四九年（昭和二四年）八月二九日、ソ連は初の原爆実験に成功する。核による軍拡競争の口火が切られたのだ。その後、核をめぐる米ソ間の駆け引きが激しくなる中、サンジェを取り巻く環境は一変する。彼はアメリカ政府の監視下での生活を余儀なくされることになった。

ウランについては戦時中はもちろん、戦後になっても極秘事項として扱われ続けた。

「私の行動は常に監視にさらされ続けた」とサンジェは漏らしている。それから何年もの間、監視の目はごく些細な人間関係も見逃すことなく、ＦＢＩの尾行から彼が自由になるときはなかった。

サンジェは、アメリカからさらなる厳しい要求を突きつけられる。アメリカ政府は、鉱山の状態にかかわらず増産を、これまで以上に急ぐことを強く求めてきたのだ。これは要求というより命令であった。命令は直接、時の大統領トルーマンから伝えられた。

「アメリカは平和を愛する世界の人々の自由を守るべく、不可欠な原料（ウラン）を入手するため一九四六年の頃よりもあなたの協力を必要としています」と。

この要求に、サンジェは強い不満を抱くようになる。

「アメリカ側の要求は、私たちに重大な困難をもたらす。この条件では資源は想定よりも早く枯渇し、会社の長期的な利益に反することは明確である」

サンジェの訴えは正当なものだったが、アメリカ側は認めなかった。

アメリカの要求に応えるため、コンゴのウラン鉱山では、極めて過酷な作業が労働者に課せられることになった。

終戦後七年間、ウランの採掘に携わったカバンビ・ルンブェによれば、現場周辺には一万人を超える鉱山労働者が暮らしていたという。

「仕事は、早朝から夜の一一時まででした。一一時になると、夜勤の労働者がやってきて朝まで働いていました。採掘の仕事はとてもきつくて大変ですよ。とにかく一日中穴の中に入ったきりで働いているのですから」

「ホコリっぽくて乾いた嫌な臭いが忘れられません。いつもその独特な臭いが充満して鼻を突きます。山の中での厳しい肉体労働で多くの人が体調不良を訴え、毎日ひどくせき込んでいました。ひどい咳のため死んでしまう人もいました。肺の病気で亡くなった人はたくさんいます」

ルンブェはこの鉱山で生き残った労働者の一人だった。

コンゴがベルギーから独立する一九六〇年まで、サンジェがアメリカとイギリスに渡したウランは、大量の原爆を作り出せる量に上った。

そしてアメリカは、一九四五年から一九六〇年まで、一九四回の核実験を繰り返した。

ウランの取引で急成長を遂げたユニオン・ミニエールが一九六〇年に公表した売り上げは、現在の価値に換算して年間二〇〇〇億円近くになる。ヨーロッパ有数の鉱山会社に成長していたのだ。

その功績が認められ、サンジェは名誉会長にまで上りつめ、生涯に膨大な資産を築いている。彼は一九六三年、八三歳でその生涯を閉じた。ベルギーのブリュッセル郊外にある墓地に、ウラン商人エドガー・サンジェは眠る。

サンジェは自らが核の扉を開いてしまったことをいったいどのように受け止めていたのか。広島や長崎の甚大な被害について、サンジェは資料に書き残すことはなかった。もちろん、日本を訪れることもなかった。

サンジェの右腕としてウランの取引に関わったジュリアン・ルロアも広島、長崎のことを決して語らず、沈黙を貫いた。彼らを背後から見守っていたサンジェの孫のモニークは、こう語っている。

「自分から始まったすべての事柄が、どれほど遠くまで波及してしまったか、考えずにはいられなかったはずです。最初はただのビジネスマンからスタートして、その後起こったことについては、自分の領域を明らかに飛び越えてしまいました。それこそが沈黙した理由かもしれません」

人類が核兵器を手にして以来八〇年、国家の野望はいまなおとどまるところを知らず、核の力を振りかざした威嚇が繰り返されている。あくなき利益の追求が、地球と人々に、計り知れない、取り返せない、重い犠牲を強いている。

しかし謎の商人が残した三万ページの記録はいまも、彼らが世界のそこかしこで犯した罪を、自白している。

第二章　原爆が投下された日

原爆投下を自らの使命とした男

原爆開発計画「マンハッタン計画」の総責任者レスリー・グローブスが亡くなったのは一九七〇年（昭和四五年）のことである。

「父が亡くなったとき、太平洋戦争で戦った兵士や士官たちから、ものすごくたくさんの手紙が届いた」とグローブスの娘のグウェンは語っている。「手紙は父への感謝の思いを綴ったもの」だったという。

息子のリチャードも「父は何の後悔もしていなかった、正しいことを行なった、与えられた大事な任務をきちんと果たしたんだ」と語っている。

実際グローブス中将（戦後昇進）は、何よりもこの戦争を終わらせることが大切であると一貫して言い続けた。そのためには原爆投下こそベストな選択だったと。

それは他の多くの米国軍人、いや、多くの一般米国人を納得させる言葉であったろう。自分たちアメリカ人は正義に則って戦った。原爆を投下したのも、人々を苦しめる戦争を終結させることによって、世界を平和に導くためである……。

彼らは、原爆投下は正しかったと主張することで、自分たちを正当化することができると考えているのかもしれない。

たしかにアメリカは、高品質のウランを手に入れ、原子爆弾を造り、相次いで日本に投下した。それによって世界大戦に勝利するとともに、他国に対して圧倒的な力を見せつけたのだ。

原子爆弾をやめさせようとした人々

しかし原爆の投下は本当に必要だったのか。アメリカ政府の公式の説明によれば、米軍が日本本土に上陸して直接戦闘を行なった場合、一〇〇万人の米兵が戦死する。それを回避し、早期に戦争を決着させるために原子爆弾が使用されたというのだ。

この原爆投下によって、日本の民間人二〇万人以上が命を奪われた。他のどの戦争とも違う凄絶な破壊、一瞬にしてすべてを消し去り、生の息遣いを削り取り、人間の存在を根源から無に帰する恐怖。戦争終結のためとはいえ、これだけの破壊力を持つ兵器を無防備の民間人に使ったことは明らかな戦争犯罪である。

そして、我々（人間、人類）が改めて明確に意識、認識しなければならないのは、「核」という兵器が、その開発以前にはあり得なかったレベルの、次元の異なる破壊性を有している、ということではなかろうか。

日米開戦まで一〇年間駐日大使を務め、戦争末期には国務長官代理となったジョセフ・グルーは自伝の中で、次のように述べている。

「トルーマン大統領が（グルーの勧告通りに）一九四五年五月の段階で皇室維持を明言していたら、日本は六月か七月に降伏していたので、原爆投下は必要なくなっていたはずだ」

またアメリカのＡＢＣテレビは、一九九五年（平成七年）に「ヒロシマ・なぜ原爆は投下されたのか」という番組を放送し、以下のような見解を示した。

「太平洋戦争末期の日本に原爆投下か本土上陸作戦しか選択肢がなかった、というのは歴史的事実ではない」

「他に皇室維持条項つきの降伏勧告（のちにこの条項が削除されてポツダム宣言となる）を出すなどの選択肢もあった」

「したがって原爆投下という選択はしっかりした根拠に基づいて決断されたものとはいえない」

また、原爆を日本に落とす場合、大きく分けて三つの選択肢があった、と番組はいう。

1　原爆を日本近海の無人島または日本の本土以外の島に落として、その威力を見せつける。
2　原爆を軍事目標（軍港、基地など）に落とし大規模破壊する。
3　原爆を人口が密集する大都市に投下して、市民を無差別、大量に殺傷する。

どの場合も、事前に警告するか、警告なしで行なうか、が重要であり、それによって犯罪性が大きく左右される。警告なしで大都市の市民を無差別に爆撃した広島、長崎の場合は、当然最も重い戦争犯罪であり、原爆投下は間違いなく無差別大量殺戮である。

番組によると、そのことをトルーマンも、彼とともに政権を担っていたジェームズ・バーンズ国務長官も理解していた。これに対し、例えば海軍次官のラルフ・バードは、「事前警告なしでの原子爆弾使用には自分は同意しない」と文書で伝えたとしている。その意味ではルーズベルトも一九四四年九月二二日の段階で、原爆を日本に使用するのか、それともこの国で実験してそれを日本への警告とするのかという問題を取り上げていて、トルーマンの決定とは異なる見解を示していたという。

マンハッタン計画とオッペンハイマー

一九四四年（昭和一九年）九月三〇日、アメリカ科学研究開発局長官ヴァネヴァー・ブッシュと米国防研究委員会科学・爆発物部門主任のジェームズ・コナントは、ヘンリー・スティムソン陸軍長官に「原爆の最初の使用は、敵国の領土ではなくわが国で行なうのがベストです。日本が降伏しなければ、原爆が日本の領土で使われることになると警告すればよい」と提案した。

翌年（昭和二〇年）五月、イギリスはアメリカに、日本に対して原爆使用前に警告を与えるべきであると文書で要望している。

それでもアメリカ大統領は、事前警告を発することなく、原子爆弾を、人口が密集する大都市広島に投下し、無差別に市民を大量殺害した。要するに、前述の三つの選択肢と事前警告の有無という条件設定の中で、最悪の選択をしたのだ。相手国に一切説明せず、反問、反論も許さない問答無用の、一方的攻撃という方法を選んだのである。

トルーマン大統領とバーンズ国務長官が、無警告で大都市への原爆投下を強行した理由は、「主に日本に対する人種的偏見と、真珠湾攻撃に対する懲罰である」と社会学者で公文書研究者の有馬哲夫氏は指摘している。さらに原爆を国際社会、とりわけ政治的に台頭するソ連に衝撃を与える大量殺戮兵器として使用することによって、戦後世界政治を牛耳っていこうという野心が見えるとしている。

一九四一年（昭和一六年）、イギリスのウィンストン・チャーチル首相は、北アフリカでドイツ軍に大敗したことから、その失地回復を期して、アメリカに原爆の開発推進を働きかけている。イギリスでは、ユダヤ系の物理学者オットー・ロベルト・フリッシュとルドルフ・パイエルスがウラン型原子爆弾の基本原理とこれに必要なウランの臨界量の理論計算をリポートにまとめ、これがきっかけとなってイギリスの原子爆弾開発を検討するMAUD委員会が作られていた。

原爆計画を主導したオッペンハイマー

ルーズベルト大統領が原子爆弾の開発を決断するのは一九四一年の一〇月である。そして翌年六月、大統領はマンハッタン計画を秘密裏にスタートさせた。総括責任者にレスリー・グローブス准将を任命した。一九四三年四月には、ニューメキシコ州にロスアラモス国立研究所が設置される。開発責任者はユダヤ系のロバート・オッペンハイマー博士で、科学者・技術者を総動員し、二〇億ドルの資金がかけられた。

この国家プロジェクトの技術上の中心課題はウランの濃縮だった。テネシー州クーリッジに巨大なウラン濃縮工場が建造され、濃縮ウランの製造に目途がついたのは一九四四年六月である。

ところが一九四四年五月、ルーズベルトはそれまで日本に要求していた「無条件降伏」を取り下げた。同時に、当時対日強硬策を主張していたスタンリー・クール・ホーンベック米国務省極東局長に代えて、駐日大使だったジョセフ・グルーを着任させる。この緩和策は、日本にとって貴重な変化であり、その背景を探って、日本は有利な方向に政策を転じるべきだったが、情報戦に拙い日本は、アメリカ軍は焦っているのだろうといった程度の認識にとどまったようだ。実はルーズベルトは、日本が撤退した中国で蒋介石と毛沢東による国共内戦が起こることを恐れていた。それに備えるため日本軍と中国共産党軍への兵力振り分けを考えていたのだ。

真珠湾攻撃への復讐

一九四四年九月一八日、ルーズベルト大統領とチャーチル首相はニューヨーク州ハイドパークで米英首脳会談を行なった。内容は核に関する秘密協定（ハイドパーク協定）であり、原爆が完成すれば日本への原子爆弾投下の意思が確認されるなど、核開発に関する米英の協力と将来の核管理についての合意がなされた。

これに先立って、ルーズベルトは原子爆弾投下の実行部隊（第五〇九混成部隊）の編成を指示し、九月一日、ポール・ティベッツ陸軍中佐を隊長に任命、一二月に編成を完了し、ユタ州ウェンドバー基地で原子爆弾投下の秘密訓練を開始した。

一九四五年四月一二日、アメリカ大統領ルーズベルトが急死する。副大統領だったハリー・S・トルーマンがアメリカ合衆国第三三代大統領に就任する。大統領の死、新大統領への交代は、原爆投下阻止へのわずかな可能性を確実に潰した。

トルーマンは自ら公言していたように、原爆投下は、真珠湾攻撃への復讐と考えていた。

それまで、原子爆弾投下に反対する動きは、世界に少なからずあった。デンマークの物理学者ニールス・ボーアは、一九三九年（昭和一四年）二月七日、ウラン同位体の中でウラン235が低速中性子によって核分裂すると予言し、同年四月二五日にアメリカの物理学会で核分裂の理論を発表する。

一九三九年九月一日第二次世界大戦が勃発し、ドイツによるヨーロッパ支配拡大とユダヤ人迫害を目の当たりにしたボーアは、一九四三年一二月にイギリスへ逃れる。そこで彼は、米英の原子力研究が平和利用でなく、原子爆弾というかつてない強力な破壊兵器の開発のためにのみ進められていることを知る。以来ボーアは、原子力国際管理協定の必要性を米英の指導者に訴えることに尽力する。

一九四四年五月一六日、ボーアはチャーチルに面会し、核使用を停止させようと説得するが失敗する。八月二六日にはルーズベルトに対しても説得するが、失敗する。一九四四年一一月一八日には、シカゴ大学のアーサー・コンプトンが発足させたジェフリーズ委員会とともに「ニュークレオニクス要綱」をまとめ、原子力を平和利用目的で開発することを提言したが、これも生かされることはなかった。

原子爆弾の使用に反対していたのは、ボーアら学者だけではない。政治家や軍人にも多かった。

一九四五年七月二〇日、のちにトルーマンの後を受けて第三四代大統領となるドワイト・D・アイゼンハワー元帥は、「対日戦にはもはや原子爆弾は不要である」とトルーマンに進言している。米太平洋艦隊司令長官チェスター・ニミッツ元帥も、都市への原爆投下には消極的で、ロタ島への投下を示唆していたといわれる。

一九四五年七月一二日、シカゴ大学冶金研究所は、「原爆の対日使用に関するアンケート」を行なった。これによると、科学者八五人のうち八五％が「無警告の原爆投下」に反対を表明している。七月一七日にも、レオ・シラードら科学者たちが連名で、大統領に「原子爆弾使用反対の請願書」を提出した。しかしこの請願書が原爆投下前にトルーマン大統領に届けられることはなかった。マンハッタン計画指揮官のグローブス少将の手元に置かれ、他の人間が手を触れることは禁じられていたからだ。

トルーマンやグローブスら、原爆に関する戦争犯罪性を自ら、より重くしていった人物の心の内は、我々ふつうの人間には推し測れない。それにしても、常にすべての情報が集まる地位にいた人物はいったいどのような戦いの行く末を思い描いていたのだろうか。

「原爆投下は必要なかった」

原子爆弾の開発とその使用に対する受け止め方を見ていると、それぞれ千差万別である。

一九四三年（昭和一八年）五月五日、米軍事政策委員会が開かれ、原爆使用に関する議論があった。そこでは、「トラック島（連合艦隊の根拠地）に集結する日本艦隊に投下するのが適当」というのが大方の意見だった。

その後、実際に原爆が投下されると、アメリカの中枢にあった人たちの間からも、驚くほど痛烈な批判が浴びせられている。

ルーズベルトの前に大統領を務めたハーバート・フーバーは、「いかなる詭弁を用いようと、原爆投下の主目的が、戦闘員ではなく女性子供老人などの非戦闘員の殺傷であったことを否定することはできない。そもそもアメリカは日本を挑発しなければ決して真珠湾を攻撃されることはなかっただろう」といっている。

日本への戦略爆撃の責任者で、のちに空軍参謀総長となる陸軍航空軍少将のカーティス・ルメイは、「ロシアの参戦と原爆がなくとも、戦争は二週間で終わっていただろう」とし、「原子爆弾は戦争の終結とは何ら関係がなかった」と結んでいる。

原爆投下当時はルメイの部下、のちにケネディ政権の国防長官、世界銀行総裁を歴任するロバート・マクナマラは、

「アメリカはこの戦争を外交的手段で終了させられた。原爆投下は不要だった。日本の犠牲はあまりにも不必要に巨大すぎた。私は東京大空襲において、同僚たちと、いかにして日本の民間人を効率的に殺傷できるかシミュレーションし、それを実行した。その結果、一晩で女性子

供などの非戦闘員を一〇万人焼き殺すに至った。もし日本との戦争に負けていれば、私は間違いなく戦争犯罪人となっていただろう。では、アメリカが勝ったから、それらの行為は正当化されるのか？　我々は戦争犯罪を行なった。一体全体どうして、日本の六七もの主要都市を爆撃し、広島・長崎まで原爆でアメリカが破滅させ、虐殺する必要があったというのか」

といい、ダグラス・マッカーサーは、

「日本がソ連に和平仲介を頼んだと知った一九四五年六月、私は参謀たちに、戦争は終わりだ、と告げた。ところがワシントンのトルーマン政権は突如日本に原爆を投下した。私は投下のニュースを聞いて激怒した」

と語っている。

このように残虐性、非人道的な戦争犯罪への批判（非難）も大きいが、他方、戦略面でも、その意味を疑う声は多い。

海軍元帥のアーネスト・キングは、「(原爆投下か上陸作戦かという）ジレンマは不要なものだった。なぜならじっくり待つつもりさえあれば、海上封鎖によっていずれ石油、米、薬品、や他の必需品が不足し、日本人は窮乏して降伏せざるを得なくなったからだ」といっている。

また太平洋艦隊第三艦隊司令長官（のちに元帥）ウィリアム・ハルゼーは、「原子爆弾は不必要な実験だった。これを一度でも投下したのは誤りだった」「原爆は多数の日本人を殺した。しかし日本人は、かなり前からロシアを通じて和平の打診をしていた」と語っている。

彼らはみな軍の中枢にあって、その多くが、多数の国民、部下の命を背負っていた人たちである。軍人は誰しも、自国民の心情、自国の利害を絶対的に意識する。その彼らが、これだけの否定的見解を発しているのだ。そして、それ以上に、この戦争の、この武力行使に人間としての良心に関わる異常な臭いを嗅ぎつけているのである。

海軍元帥であり、大統領首席補佐官でもあったウィリアム・ダニエル・リーヒは次のように述べている。

「日本上空の偵察で米軍は、日本に戦争継続能力がないことを知っていた。また天皇の地位保全さえ認めれば日本が降伏する用意があることも知っていた。実際アメリカは戦後、そのことを認めたのだ。しかしトルーマン大統領は、知っていながらそれを無視した。ソ連に和平仲介を日本が依頼したことも彼は無視した。この野蛮な爆弾を日本に投下したことは、何の意味も持たなかった。海上封鎖は十分な効果を上げていた。この新兵器を爆弾と呼ぶことは誤りである。これは爆弾でもなければ爆発物でもない。これは〝毒物〟である。恐ろしい放射能による被害が、爆発による殺傷力をはるかに超えたものなのだ。アメリカは原爆を投下したことで、中世の虐殺にまみれた暗黒時代の倫理基準を採用したことになる。私はこのような戦い方を訓練したことはないし、女子供を虐殺して戦争に勝ったということはできない」

戦勝国の海軍提督のこの発言は立派でさえあり、感動的である。

第二次世界大戦を目前にした一九三九年頃、すでに研究が始まっていた原子爆弾がドイツ軍の手で開発されることを憂慮した物理学者（ドイツからイギリスに亡命）レオ・シラードは、アインシュタインと諮って手紙を書き、注意喚起等を求めて、ルーズベルト大統領に原爆開発を働きかけた。ドイツへの警戒感が強かったにせよ、原爆開発の一部を彼が担ったことは間違いない。しかし、その後原爆反対の立場に転じたことも事実である。彼は語った。

「ドイツがアメリカに原爆を落としたとしましょう。その後ドイツが戦争に負けたとします。その場合アメリカ国民の誰が〝原爆投下を犯罪とし、首謀者を極刑に処す〟ことに異議を唱えるでしょうか？　原爆投下は外交的にも人道的にも人類史上最悪の失敗だったのです」

マンハッタン計画指揮官のグローブス少将は、最も原爆投下に積極的であった。彼は、原爆による最大限の破壊効果を得たいがために（としか思えないのだが）、「広島は軍事都市である」との報告書を提出し、自ら原爆投下指令書を作成した。トルーマンがそれを許可した形跡はないとされているのだが……。

投下第一候補は京都だった

一九四五年五月一〇、一一日、第二回目となる陸軍の原爆投下目標選定委員会が、ロスアラモス研究所のオッペンハイマー博士の執務室で開かれ、八月初めに使用予定の二発の原子爆弾の投下目標として次の四都市が選ばれた。

1　京都市　AA級目標
2　広島市　AA級目標
3　横浜市　A級目標
4　小倉市　A級目標

そしてその目標となる三つの基準が示された。

・大きな都市地域にある重要目標であること。
・爆風によって効果的に破壊しうるものであること。

・一九四五年八月まで爆撃されずに残されそうな目標であること。

五月二八日には第三回目標選定委員会が開かれた。投下目標地点に新潟市が加えられ、横浜市が目標地点から外された。

また追加条件として、投下地点は気象条件によって、その都度基地で決定すること、投下地点は工業地域の位置に限定しないこと、投下地点は都市の中心に投下するよう努め一発で完全に破壊すること、を決めた。

これ以後、これら投下目標都市への空爆が禁止になった。原爆のもたらす効果を、正確に測定・把握できるようにするためである。このことが、原爆投下が予定されているにもかかわらず、「空襲がない」という噂を生み、一部疎開生徒の帰宅や、他の大都市からの人々の流入を招くこととなった。

一九四五年六月一日、スティムソン陸軍長官を委員長とする政府の暫定委員会は、「原子爆弾は、日本に対してできるだけ早期に使用すべきであり、それも労働者の住宅に囲まれた軍需工場に対して使用すべきである。その際、原子爆弾について何らの事前警告もしてはならない」との決定を下した。

この時点では、原爆投下の第一候補地は京都市であった。京都市は人口一〇〇万を超す日本有数の大都市であり、世界的に有名な日本の古都である。当時の京都には多数の避難民と罹災工業が流れ込みつつあった。しかも小さな軍需工場が多数集まっていた。さらに、原子爆弾の破壊力を正確に測定できる十分な広さの市街地をも抱えているという、攻撃目標としては最も効果的な立地だったからである。

だがこの特性は、攻撃対象とは逆の効果も際立たせている。フィリピン総督時代に京都を訪れたことのあるスティムソン陸軍長官は、京都への原爆投下に、強く反対した。

「京都には千数百年の長い歴史があり、数多くの価値ある日本独特の文化財が密度濃く点在している。原子爆弾の京都への投下は、これら、日本国民にとっても、世界にとってもかけがえのない貴重な文化遺産を破壊することにほかならない。戦後、『日本と親しいアメリカ』を演出するうえで、日本国民より大きな反感を買う懸念がある」

一九四五年六月一四日、投下候補地から京都市は外され、小倉市、広島市、新潟市が一発目の投下目標地となる。

一九四五年六月三〇日、アメリカ軍統合参謀本部はダグラス・マッカーサー陸軍大将、チェスター・ニミッツ海軍大将、ヘンリー・アーノルド陸軍大将宛に原子爆弾投下目標に選ばれた都市に対する爆撃の禁止を指令する。同様の指令はこれ以前から発せられており、ほぼ完全に守られていた。

「新しい指令が統合本部によって発せられない限り、貴官指揮下のいかなる部隊も、広島・小倉・新潟を攻撃してはならない。右の指令の件は、この指令を実行するのに必要な最小限の者たちだけの知識にとどめておくこと」

ところが一九四五年七月三日、京都市が再び投下候補地となる。「京都盆地に位置する京都市は、原子爆弾の効果を確認するには最適」と強く求める科学者の声は大きく、候補地として再浮上する形になったのだ。

一九四五年七月二四日、ワシントンのハリソン陸軍長官特別顧問（暫定委員会委員長代行）は、ポツダム会談に随行してドイツに滞在していたスティムソン陸軍長官に対して電報を打ち、京都を第一投下目標地にすることの許可を求めたが、スティムソンは直ちにそれを許可しない旨を返電した。これにより京都市の投下候補地からの除外が再び決定した。

その代わりに、一九四五年七月二四日、地形的に不適当とされていた長崎市が、目標地に加えられた。

スティムソン陸軍長官は七月二四日の日記に、

「もし（京都が）除外されなければ、かかる無茶な行為によって生じるであろう残酷な事態のために、その地域において日本人を我々と和解させることが戦後長期間不可能となり、むしろロシア人に接近させることになるだろう（中略）満州でロシアの侵攻があった場合に、日本を合衆国に同調させることを妨げる手段となるであろう、と私は指摘した」

と記している。彼は、アメリカが戦後の国際社会における政治的優位性を保つためにも、京都投下案に反対したようである。

もっとも、原爆投下は真珠湾攻撃に対する復讐であり、懲罰であるとしたトルーマン大統領は、七月二五日の日記に、

「目標は、水兵などの軍事物とし、決して女性や子供をターゲットにすることがないようにと、スティムソンにいった。たとえ日本人が野蛮であっても、共通の福祉を守る世界の指導者たる我々としては、この恐るべき爆弾を、かつての首都にも新しい首都にも投下することはできない。その点で私とスティムソンは完全に一致している。目標は、軍事物に限られる」

と記している。

このトルーマンの判断を合理的に理解するのは非常に難しい。

初の原爆実験

一九四五年七月一六日、日の出前の五時三〇分、アメリカニューメキシコ州アラモゴードから約八〇キロ離れた半砂漠地帯のトリニティ実験場で、プルトニウムを使った原子爆弾の爆発実験が極秘裏に行なわれた。八月初めには原子爆弾を投下しようというのに、随分ぎりぎりの日程と感じるのは、筆者の浅慮なのだろうか。

のちに日本の原爆調査団の団長を務めることになるトーマス・ファレル准将は、「実験は驚くほどの成功だった」と手記に記している。さらに、「数万人もの労働者たちがこの計画のために何年間も費やした努力が無駄にならなかったことへの深い満足感、原爆が爆発したことへの強い安堵感を感じた」としている。

この核実験では「残留放射線の調査チーム」が編成されていて、すぐに、どの程度の範囲まで影響が及ぶのかについて詳細な調査が行なわれた。調査チームの中心になったのは、マンハッタン計画の医療部門のチーフで放射線科学者のスタッフォード・ウォレン大佐である。ウォレン大佐も、もちろん核実験に立ち合った一人である。実験の現場で、彼は残留放射線が広がる様子を次のように述べている。

「トリニティ核実験によって発生したエネルギーは、科学者グループの予測を数倍上回る威力だった。巨大な円柱状の雲は五万〜七万フィート（一万五〇〇〇〜二万一〇〇〇メートル）もの驚くべき高度にまで達した。それは数時間にわたって空中に漂い続け、北東の方向へと動いていった。この間に、最も大きな粒子はほとんど降下した。粒子は様々な高さに舞い上がり、異なる方向へと動いていった。爆発後二時間が過ぎるまでには、雲の主な部分はほとんど認識できなくなり、雲が白く見える最も高い部分は成層圏に達したものと思われる。

八時間後、調査員たちは、爆心地から北東三二キロの地点で非常に高い放射値を検知した。砂漠の谷の値は、十分に深刻な生理学的影響を及ぼす高さだった。さらに離れた地域への放射性降下物の分布状況は、その地域の風の強さと風向き、土地の形状によってまだらでムラがあった。最も放射性降下物が広がったのは四分円で区分した北東方面で、後日馬に乗って調べる必要があった」

後日の調査では、住民がいないと思われていた地域で、多くの家畜に残留放射線が影響を与え、細胞組織が破壊されるケースが確認された。トリニティ核実験の五日後、ウォレン大佐は、テスト現場の風下方向二七〇〇平方マイルにわたる、高放射線量を受けた地域には〝極めて深刻な危険〟が存在すると、グローブス少将に報告した。

投下

一九四五年七月二五日、マンハッタン計画の最高責任者グローブスが作成した原爆投下指令書が発令される。ここで、「広島・小倉・新潟・長崎のいずれかの都市に八月三日頃以降の目視爆撃可能な天候の日に『特殊爆弾』を投下する」とされた。

そして一九四五年八月二日、第二〇航空軍司令部が「野戦命令第一三号」を発令し八月六日に原子爆弾による攻撃を行なうことが決定された。攻撃の第一目標は「広島中心部と工業地域」（照準点は相生《あいおい》橋付近）、予備の第二目標は「小倉造兵廠《ぞうへいしょう》ならびに同市中心部」、予備の第三目標は「長崎市中心部」であった。

一九四五年七月二〇日以降、第五〇九混成部隊は長崎市に投下する原子爆弾（ファットマン）と同形状の模擬弾に通常爆薬を詰めたパンプキン爆弾（総重量四七七四キログラム、爆薬重量二八五八キログラム）の投下訓練を繰り返している。任務遂行に慣れさせるための予行演習である。テニアン島の基地から日本の原子爆弾投下目標都市まで飛行して都市を目視観察したのちに、正確にパンプキンを投下する訓練は延べ四九回、三〇都市で行なわれた。パンプキン爆撃作戦は、七月二〇日、七月二四日、七月二六日、七月二九日、八月八日、八月一四日と終戦直前まで行なわれた（七月二〇日の爆弾は、機長が昭和天皇の殺害を目論み、皇居に向けて投下された。目標から外れたものの、六三名が死傷）。

一九四五年八月六日、広島市にウラニウム型原子爆弾「リトルボーイ」が投下された。

広島に投下された「リトルボーイ」

一九四五年八月八日、アメリカの第二〇航空軍司令部は「野戦命令第一七号」を発令し、八月九日に二回目の原子爆弾による攻撃を行なうことが決定した。攻撃の第一目標は「小倉造兵廠および市街地」、予備の第二目標は「長崎市街地」（照準点は中島川下流域の常盤橋から賑《にぎわい》橋付近）であった。

一九四五年八月九日、第一目標の小倉市上空が視界不良であったため、第二目標である長崎市にプルトニウム型原子爆弾「ファットマン」が投下された。小倉が視界不良であった原因は、天候不良、前日の八幡大空襲で生じた煙によるなどの説がある。

そのとき、日本は……

一九四五年当時、大本営と大日本帝国陸軍中央特殊情報部（特情部）はサイパン島方面のB29部隊について、主に電波傍受によって、その動向を二四時間体制で監視していた。大本営陸軍部第二部第六課（情報部英米課）に所属していた堀栄三中佐によれば、新編の第五〇九混成部隊が五月にテニアン島に進出し、同部隊のB29の中の一機が飛行中に、長文の電報をワシントンに向けて打ったことを確認したという。最前線の航空機がワシントンの当局と直接交信するなど異例のことであった。東京都杉並区にあった陸軍特殊情報部でも新部隊の進出を察知していた。

その後六月末頃から、新部隊のB29がテニアン島近海を飛行し始め、七月中旬には単機、または二、三機の小編隊で日本近海まで飛行しては帰投、を繰り返すようになった。これらの機体を特情部では「特殊任務機」と呼び、警戒していた。

第五〇九混成部隊は、原爆投下後のトルーマンの演説により、原爆投下任務のための部隊であったことが判明するが、残念ながら日本軍はそれを事前に察知することはできなかった。だが、無気味な臭いを感じ取った特情部は参謀総長に、テニアンの新部隊を攻撃するよう意見具申した。しかし補給基地だった硫黄島が敵に奪われたため、もはや重爆による航空攻撃は不可能となっていた（ただテニアンに二個の原子爆弾を運んだ重巡インディアナポリスを帰路、イ58潜水艦が撃沈）。

当時、愛媛県の松山基地と長崎県の大村基地には、日本海軍の最新鋭機の一つであった紫電改を主力とし、この五カ月間で一七〇機の米軍機を撃墜した第三四三海軍航空隊（司令、源田実大佐）が待機していた。ところが八月六日、日本海軍は源田隊に出撃命令を下さなかった。当時の関係者はインタビューに応えて、陸軍中央特殊情報部の将官が情報を握りつぶし、海軍に伝えられなかったことをその理由としている……。

第六課、特情部、航空本部のそれぞれの情報担当者は、連日のように研究会議を重ねたが、ついに新部隊の目的を掴むことはできなかった。

広島への原爆投下当日の模様を堀中佐は次のように記している。

「八月六日午前三時頃、（またしても）ごく短い電波がワシントンに飛んだ。内容はもちろんいっさいわからない。コールサインからは、二、三機の編隊と判断された。

午前四時やや過ぎて、硫黄島の米軍基地に対して、この飛行機は、

『われら目標に進行中』

の無線電話を発信。『特殊任務機前進中』と特情部が大緊張を始めたが、捉えたのはそれだけで、以後は無線を封止したのか電波はいっさい出さなくなってしまった。特情部ではすでに防空部隊に、『二、三機のB29編隊北進中』の連絡をしていた。全神経を鵜の目鷹の目にして電波を待ったが、それ以後は皆目電波は出さなかった。

午前七時二〇分頃、豊後《ぶんご》水道（大分県沖）水の子島灯台上空から広島上空に達したB29の一機が、播磨灘の方へ東進中、簡単な電報を発信したのを、海軍通信諜報も陸軍特情部もキャッチしたが、奇妙なことにこのB29には後続の編隊がなかった。この一機のB29の電報発信は、後続編隊があればそれに対する気象の連絡であることが統計からは判明していたが、このとき豊後水道方面には全然後続編隊が見つからなかった。豊後水道に編隊が出るはずだと、目も耳も気もとられていたその瞬間、八時六分、二機のB29が豊後水道とは反対の東の方（徳島県）から広

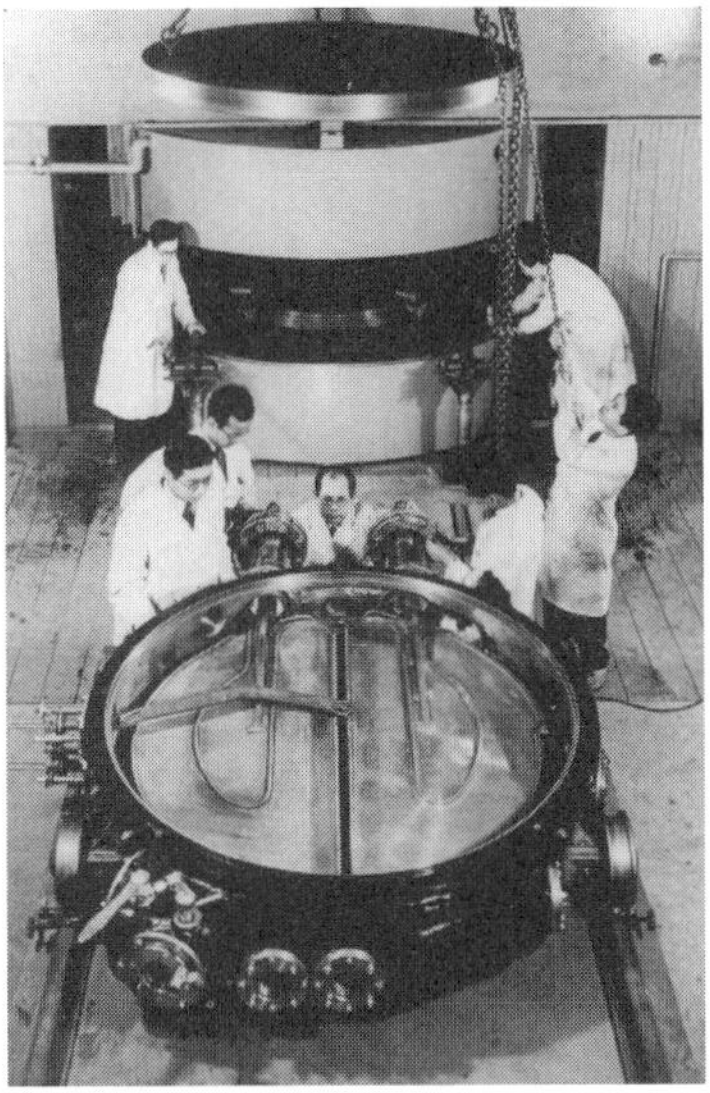

ウラン濃縮中のサイクロトロンと
仁科芳雄博士

島上空に向かって突入していた。彼らはいままでの常套《じょうとう》戦法の裏をかいた。

午前八時一五分、広島上空に一大閃光とともに原子爆弾が投下された」（『大本営参謀の情報戦記』）

終戦前、日本でも原子爆弾開発が行なわれていたことは公けになっていた。にもかかわらず日本軍は、同盟国のドイツやイタリアから亡命してきた科学者たちによる原爆に関する情報に、あまり大きな関心を抱いていない。つまり、アメリカにおける原子爆弾開発の進捗状況をほとんど把握していなかった。

当時、特情部で気がついたのは短波傍受によるトリニティ実験の報道程度であったが、その内容も、日本軍に理解する術はなかった。日本軍が原爆を意味する「nuclear」の語に触れるのは、原爆投下後の八月一一日のことだった。

当初軍部（特に陸軍）は、新型爆弾投下に関する情報を国民に伏せていたが、広島、長崎を襲った爆弾の正体が原爆であると政府が発表するに至って、ようやく報道規制を解除した。一一日から一二日にかけて各新聞社は広島に記者を派遣し、新型爆弾の正体を明かすとともに、被爆地の惨状を写真入りで報道した。そこではじめて国民は、日本が原爆攻撃を受けたことを知ったのである。

第三章　放射線との戦い

グローブスの居直り

日本の短波放送も世界に向けて原子爆弾の凄まじさと残虐さを大々的に伝えた。その放送をグローブス少将は聞いていた。彼はすぐ、外科医のチャールズ・リー陸軍少佐に電話をかけて、日本のラジオ放送について相談し、日本の主張を否定する策を練った。二人の通話記録が残っている。

彼はリー少佐と口裏を合わせた後、「日本の報道はでたらめだ」と、繰り返し記者たちに発言した。

八月三〇日にはニューヨーク・タイムズに対して、「原子爆弾の放射性降下物（残留放射線）による死の報告は、純然たる日本のプロパガンダである」と述べた。さらに、「アメリカの科学者の研究では残留放射線による死についての報告はなされていない。原子力の研究を止めてしまうことは、アメリカが自ら死を選ぶことに等しい」として、原爆は非人道的な武器ではなく、アメリカになくてはならないものだと主張している。

自身が開発した原子爆弾によって太平洋戦争に完全な勝利を収めたグローブスは、己の正当性を明確に示すとともに、自国にとっての原子爆弾の重要性をマスコミにアピールしたのである。

しかし広島、長崎への原爆投下の正当性を主張しながら、さらに開発の重要性を訴える論理展開には飛躍があり、強引さを否めない。勝ったアメリカが優位な立場に立って自らリーダーシップを正当化しようとする底意が見える。

「ファレル准将の率いる調査団は、我々の占領部隊とともに日本に入るべく移動しつつあります。彼らの使命は、広島においても、あるいは長崎においても、アメリカの軍隊が放射性物質から有害な影響を被《こうむ》ることはあり得ないことを疑問の余地なく確かめることであり、さらにこれら二つの地域におけるすべての被害の程度を確かめることです」（グローブスの発言）

マンハッタン計画の総責任者として、原爆の開発を推し進め、世界で初めて原爆投下を成功させたレスリー・グローブスにとって、投下を成し遂げ、第二次世界大戦に勝利を収めたことは実に感激的な出来事だった。日本を必要以上に叩きのめしたことを、彼はむしろ喜び、酔いしれた。被害者の痛みに配慮することは、彼の選択肢にはなかった。一方で彼は、秘密計画に携わった科学者や技術者たちの努力が報われたと安堵し、彼らを精一杯ねぎらうことは、忘れなかった。

ともかく、原爆投下後、批判の世論が彼を襲う気配を見せたとき、グローブスは居直り、徹底的な反転攻勢に打って出たのである。

このときグローブスは戦後の戦い方をすでに固めていたのだ。それはトリニティ核実験に成功したときから、いやそれ以前の、原爆開発への取り組みが始まったときから決めていたことのようだった。

しかし、マンハッタン計画に参加し、トリニティ核実験に携わった多くの科学者たちが、グローブスと同じような考えを抱いていたわけではないようだ。

オッペンハイマーの嘘

トリニティ核実験は、科学者たちにとっても、自分たちが開発してきた計画の現実の結果を目の当たりにする最初の機会であり経験であった。

前にも触れたように、トリニティ核実験に立ち合った科学者の一人、スタッフォード・ウォレン大佐は、トップのグローブス少将らが実験の成功に高揚し、興奮する中で、彼自身は改めてその底知れない脅威を認識し、破壊と残留放射線などの危険性を感じた。

科学者グループが予想した数倍以上ものエネルギー、残留放射線の影響で細胞組織が破壊された家畜、実験場から風下の、高い放射線量を受けた広大な地域に潜む、人々への深刻な危機……を目の当たりにした彼は、途方もない量の放射性物質が付着した塵《ちり》がまだ実験場周辺に漂っているとして、今後も核実験を繰り返すのであれば、この実験場は狭すぎる、人の住んでいない、少なくとも半径一五〇マイル（約二四〇キロ）以上の土地を確保する必要があることを、グローブス少将に、意を決して伝えた。

少将は激怒した。部下のウォレン大佐が公然と、原子爆弾の残留放射線について不安を見せるなど、もってのほかである。部下の進言を、彼は無視した。

アメリカを正しい方向に導こうとするなら、科学者の判断を冷静に聞き、少しの誤りも犯さず、倫理的にも正しくあることこそ、史上最大のプロジェクトを担った彼が目指すべき方向であったのだが、政治的な行動を求められる人間のあり方は、そうは割り切れないものなのかもしれない。

グローブス少将は、ウォレン大佐の進言を無視したのち、上官であるマーシャル陸軍参謀総長に、

「もしアメリカが敵の戦場に原爆を投下し、戦場を放射線で汚染したとしても、アメリカの兵士は数時間以内に安全になるでしょう」と保証した。

原爆の爆発による被害は、爆発の瞬間に出る放射線＝「初期放射線」によるものの他に、爆撃を受けた地域を取り巻く環境の中に残り続ける「残留放射線」によるものがある。これには、爆発の際に出る放射性物質が雨や塵とともに地上に降り注ぎ、残り続けるケース、爆心地の土壌が中性子を吸収することで放射性物質となって放出されるケースが考えられる。

原爆が爆発した瞬間、致死量の初期放射線を浴びた「被爆者」は原爆投下の際の熱線や爆風による外傷がなくても死んでしまう。だが投下後であっても、人体に触れる環境に残り続けた残留放射線を浴びた「被ばく（被曝）者」にも命に関わる重い影響が及ぶ。

その残留放射線の存在をアメリカは否定しようとしていた。広島と長崎では、原子爆弾爆発時に初期放射線の照射はあったが、その後放射線は残留しなかったというのである。

一九四五年九月一一日、米軍は、トリニティ核実験が行なわれた場所で、記者やカメラマン、科学者、医師など三〇人ほどを集め、記者会見を開いた。

その席で原爆開発責任者だったオッペンハイマー博士は、「原爆は地上六〇〇メートルという高い地点で爆発したため、放射性物質は成層圏まで到達している。それが地上に落ちてくるまでには極めて少量になる」という見解を述べ、「だから広島、長崎では人体に悪影響を及ぼす残留放射線は発生しない」と説明した。

広島、長崎への調査団

オッペンハイマー博士の説明は単純、簡単だが、決して説得力があるとは思えない。超高空から落下すると拡散して微量になることを数量的に推測または推量できるような傍証、類証、関連性などがまったく示されていないからである。

グローブス少将は、このオッペンハイマー博士の見解をアメリカ政府の残留放射線に関する公式見解とし、広島、長崎で残留放射線が発生しない根拠とした。しかし、仮にそれが捏造ではなかったとしても、根拠とするには極めて不完全な説明であったといわざるを得ない。

「マンハッタン計画」の科学者グループのリーダーであったオッペンハイマーのこの程度の説明で史上初、史上最も悲惨な悪魔の兵器が正当化されたのである。だが、その後博士は、成功の絶頂から自ら滑り落ち、生涯慚愧《ざんき》の念に苛まれ続けることになる。

残留放射線の影響について初めて調査が行なわれたのは、一九四五年七月一六日、人類初の核実験＝トリニティ核実験が行なわれたときだった。残留放射線の調査チームが編成され、残留放射線の影響がどの程度まで及ぶのか、詳細な調査が行なわれた。

その後、太平洋戦争終戦後の九月、日本を占領した米軍は広島、長崎に投下された原子爆弾による被害と影響の詳細なデータを収集するため、調査団を現地に派遣した。

九月　九日　原爆を開発した科学者らで構成された「マンハッタン管区調査団」
一〇月一二日　アメリカ陸・海軍で構成された「合同調査団」
一〇月一四日　空襲の威力を確かめる「戦略爆撃調査団」

調査には、軍人とともに科学者、物理学者、医師などさまざまな分野の専門家が参加した。彼らは、地表温度を三〇〇〇度以上に上昇させた「熱線」の影響や、秒速四四〇メートルの爆風が建物をどのように破壊したのか、原爆が人体に与えた影響がどのようなものだったのかなど、詳しく調査した。

「ヒロシマとナガサキには放射能がない」ことを証明せよ

科学者として「マンハッタン計画」に携わり、「マンハッタン管区調査団」の一員として原爆初動調査に参加したドナルド・コリンズ中尉は放射線計測のスペシャリストだった。マンハッタン管区調査団は、日本上陸前、原爆投下の作戦基地となっていたテニアン島に集合し、調査の要旨について説明を受けた。

調査団の団長は、マンハッタン計画のナンバーツー、トーマス・ファレル准将である。

「君たちの任務は、『ヒロシマとナガサキには放射能がない』と証明することだ」

准将は開口一番、全員にそう伝えた。

「失礼ですが准将」驚いたコリンズ中尉が聞き返した。

「我々の任務は残留放射線を測ることだと命令を受けたのですが……残留放射線は至る所にあるでしょうから……」

この問いにファレル准将は興奮して口ごもり、吐き出すように中尉を怒鳴りつけた。

「放射線量が高くないことを証明しろッ」

このとき、同席していた「マンハッタン管区調査団」の班長・スタッフォード・ウォレン大佐が口答えしたコリンズ中尉をたしなめている。ウォレン大佐はトリニティ核実験の際衝撃を受け、危機感をあらわにしてグローブス少将の不興を買った人物だが、それから二カ月足らずの間に豹変していたのである。

原爆初動調査で広範囲にわたって残留放射線の測定を行なったネロ・ペース少佐という人物

がいる。第二次世界大戦中メリーランド州ベセスダにある海軍医学研究所の生理学施設長で、放射性物質トリチウムの研究者だった。

放射線を測定するガイガーカウンターの扱いに長じていたので、数人のグループを率いて長崎に行って、「何が起きたのか、どれだけ放射線が残っているか」調べるよう上官から命じられたのだ。

ペース少佐は九月下旬から約四カ月間、長崎、広島で残留放射線を測定した。長崎で九〇〇カ所、広島で一〇〇カ所の地点で測定した。

「長崎の原爆の特徴を測定調査すると、明確な残留放射線を測定できる区域が二カ所あった。すなわち、炸裂点直下の、半径六〇〇〜一〇〇〇メートルのほとんどの区域、および爆心地より約二キロメートル風下から始まる細長い、左右対称の地域。

前者は主として地面に対する強度の中性子照射のために、地中の元素のいくつかに放射性同位元素変換が生じたことに起因し、後者は主として（原爆投下後）この区域の上空を通過したことが判明している放射能雲からの核分裂生成物の落下の結果生じたと考えられる」

この報告書には、残留放射線の明確な痕跡が長崎の島原半島で認められたこと、日本側調査団によって爆心地の東南方約八〇キロの熊本で残留放射線の痕跡が認められたことも記されている。

　ペース少佐は、この残留放射線が測定された地域に、いつから住民が暮らしていたのか、聞き取り調査を行なっている。

　原爆の六〜一二週間後に長崎の中心区域の住民に面接した結果、住民のうちかなりの人が幸いにも原爆当日は不在で、投下後一両日以内にこの区域に帰ってきたことが判明した。一般に長崎の住民は、原子爆弾について特別な兵器という意識をほとんど持っていなかった。ペース少佐はそれを驚くべきことと感じている。

「廃墟ヒロシマに放射能はない」

　日本に上陸後の九月六日、ファレル准将は東京の帝国ホテルで記者会見を行ない、「ナガサキ、ヒロシマでは、死ぬべき者は死んでしまい、九月上旬現在において原爆の放射能のために苦しむ者は皆無である」と語った。

　原爆の「初期放射線」に多くの人が犠牲になったのは覆うべくもない事実である。アメリカはそれを認めた上で、「残留放射線」のように、原爆に「汚染された」環境の中での二次的、三次的被害などによって苦しんでいる人間はいないと言い放ったのである。

ファレルは調査後の九月一二日、再び東京で記者会見を行なった。

「放射能が存在しているかどうかを判定するために、我々の科学者によって街の詳細な測定が行なわれた。測定可能な放射能は、爆心下、あるいは地上の他の場所、道路、灰の中、その他の物体の上のどこにもなかった」

同じ頃、ウォレン大佐と彼の部隊の医師たちは、放射線によって生じたと思われる症状に苦しんでいる多くの患者を検査した。検査結果についてウォレン大佐の意見は、

「放射線によって被害を被ったこれらの患者は爆発時に大量のガンマ放射線の一回の照射を受けたことによって被害が生じたものであり、危険な量の放射線が堆積した結果ではない」というものであった。

彼らの発言は、

「廃墟ヒロシマに放射能はない」

との見出しで、ニューヨーク・タイムズによってアメリカ中に報じられた。

「原爆の残留放射能などない」という見解は、その後太平洋などで行なわれた核実験でも同じように発表され続ける。

ここでの極めて大きな問題は、もちろんその偽りの発表内容にある。そしてこれはまた、アメリカが新たに核実験を行ない、核兵器開発を推し進める保証として、世界に認めさせることにもなったのではないか。

おそらく少しでも医学に関心のある人なら、被爆地に「残留放射能はない」というこの発表に、少なからず違和感を覚えたに違いない。

世論操作

残留放射線の脅威を最初に伝えたのはワシントン・ポストだった。コロンビア大学の遺伝学者・ハロルド・ジェイコブソン博士が、原爆の被害者は血液中の赤血球を破壊され、酸素を取り込めず、白血病の患者のようになって死亡するとし、放射線は約七〇年間消えない可能性があり、川や海に放射線を含む雨が降り注げば、そこに棲む動物たちも死んでしまうと指摘したのだ。

だが米陸軍の反応は素早く、ニューヨーク・タイムズには即座に「陸軍はジェイコブソン博士の説を否定」する反論記事が載った。そこには、オッペンハイマー博士の長い引用が含まれていた。

「ヒロシマの地面に、はっきり認められるほどの放射能は存在せず、わずかに存在していた放射能もごく短時間に減衰したと信じるべき確かな理由がある」と。

人を権力の力で捻じ伏せるオッペンハイマーのどこに科学的思考や、苦悩を見たらいいのか、理解できない。

ジェイコブソン博士は長時間、FBIと陸軍情報部隊の尋問を受け、スパイとして訴追すると脅され、やむなく発言を撤回した。

同紙はグローブス少将の「大切な友」であったのだ。

ニューヨーク・タイムズの科学記者ウィリアム・ローレンスはグローブスから特別待遇を受けていた。彼には「マンハッタン計画」の独占的な取材が許されていた。当時トップシークレットとされていた原爆開発の拠点、ロスアラモスへの訪問、トリニティ核実験の見学も唯一人許されている。B29の計測器搭載機から長崎の原爆投下の瞬間を目撃した人物でもある。その舞台裏を描いた記事を発表し、二度ピュリッツァー賞を受賞している。これも反権力の行使であろうか。

アメリカのジャーナリストで歴史家のビバリー・キーパー教授が、ローレンス記者の記事をまとめ、分析したところ、その内容は、原子爆弾が残した放射線の存在を否定するか、完全に無視するかのどちらかだったという。

ニューヨーク・タイムズは、広島と長崎に相次いで原爆が投下された際、五日間にわたって計一三二本の原爆に関するニュース記事を掲載した。その中で、放射線や残留放射線に関する内容は、省略するか曖昧に報道することに終始している。その後、長崎に原爆が投下されてから一〇カ月の間に、原爆の放射線に触れた記事は一五本あり、そのうち九本は、放射線による影響を矮小化するか、人々が抱いている不安を払拭させようとする内容、あるいはさらに曖昧なメッセージを伝えるものであった。

ピュリッツァー賞という、ジャーナリストにとって最高に栄誉ある賞を受けた、アメリカ屈指のクオリティーペーパーの権威ある科学専門の看板記者が、権力の望む内容の記事に引き寄せて、世論操作を行なったのである。

ウォレン大佐の真実

「原爆初動調査」はファレル准将が率いる「マンハッタン管区調査団」によって、九月から行なわれたが、准将が記者会見を行なったのは、その初動調査が始まる前の九月六日である。原爆投下によって起こったのはこういうことだと、一方的、断定的に発表している。

ウォレン大佐はファレル准将帰国後「残留放射線調査」の報告任務を任されている。ただ、報告書は一〇月五日にグローブス少将に提出されたが、その内容は「測定可能な放射能はまったくない」とするファレル准将の報告とは異なり、長崎で残留放射線が測定された記録が記されている。

だが残留放射線量の記録は残っているが、放射線被害のすべては爆発時の照射のみによるものであるという。もちろん爆発時の照射以外に被害を及ぼすものがないというのはあり得ない話なのだが、それでも測定記録が残っているのだから、ファレル准将の「測定可能な放射能はない」という発言は虚偽であると言わざるを得ない。ないはずの残留放射線が測定されているのだ。

報告書には、

「長崎の放射能は、真東の有明海に向かう狭い領域や西、あるいは北と北東、あるいは東と南東の五〜一〇マイル（約八〜一六キロ）離れた地点に不規則に並ぶ周辺都市において検出され、南南東、あるいは南と南西では最初に立ちはだかる山を越えては広がっていない。測定値は

（長崎の）捕虜収容所の場所での高い値を除けば、平均してバックグラウンド放射線（自然界に存在する放射線）の二～六倍で、市内から東に二カ所高くなり、間で低くなる。高いのは二七〇〇メートル東、あるいは南東の貯水池と八キロ南東の谷で、バックグラウンド放射線の一〇～五〇倍の残留放射線を測定した」

とある。しかしウォレン大佐は、地域全体は安全であると判断されるとし、「日本人物理学者たちはまだこの放射線の出所を確認していないが、人体に害がないことに同意している」と報告している。

この報告もファレル准将とは真逆だが、やはり同様の虚偽である。バックグラウンドの五〇倍もの残留放射線量がなぜ無害なのか、危険ではないのか、その理由も実態の説明も明らかにしていない。基準値の数十倍もの数値を示しているのになぜ安全なのか、無理に事実を捻じ曲げて説明しているとしか思えない。

彼はまた、一〇月一一日にグローブス少将に送ったトップシークレットの報告で、科学者フリーデル博士が広島で残留放射線を測定した結果を伝えている。

「フリーデルは広島では、爆心直下でバックグラウンド放射線の八～一〇倍の値、その他の地域でも（バックグラウンド放射線の）二～四倍の放射線を測定した。また、日本人の物理学者が南西三キロの地域でバックグラウンド放射線の二〜三倍の値を測定した地域があった」と。しかしウォレン大佐は、結論として「非常に些細で危険ではなく、計器の感度のほとんど下限であった」としている。

禁じられた原爆報道

「原爆初動調査」で日本を訪れたアメリカの医師や科学者が、「残留放射線は存在しない」という前提を設けずに、というより「存在する」ことを前提に調査していたことは間違いないのである。

トリニティ実験のときに、目の前で圧倒的な原爆の脅威を見せつけられ、放射線の深刻な危機感にとらわれた科学者のウォレン大佐が、一転して自らの訴えを翻し、今度は安全を保証する、これほど不合理な、納得できない展開はない。

いったいウォレン大佐という人間に何が起きていたのだろうか。

トリニティ実験場でのウォレン大佐の不安感の表出と進言は、グローブス少将の機嫌を損ねた。進言は真っ当なもので、本来少将は受け入れるべきものだったが、ウォレン大佐にとっては、自らの立場を危うくする大変危険な行為だった。上司、それも最高の上司を怒らせたら、どんなことになるか。彼には職を賭することはできなかったのだろう。

これは日米双方にとって、また本人たちにとっても不幸な選択だった。

とはいえ、ここで確認だけはしておかなければならない。科学者でもあるウォレン大佐が残留放射線量をチェックしていながら、その判定評価は、残留放射線は一切なかったとするファレル准将とほとんど変わらないレベルになっている。

その結果と判定を調査団の別の科学者スタッフはどう捉えていたのか。彼らが異議や疑惑の声を上げられないのは明白である。グローブス少将とファレル准将は、自分たちに都合のよい主張を正当化し、科学的であると印象づけるために彼らを集めたとしか思えない。

一方、ウォレン大佐が、矛盾したやり方で調査をまとめ、相反する評価ながら、結果として少将の意向に沿う判断、すなわち人体への影響はほとんどないとした言動については、彼の処世とはいえ、それが通ってしまう不合理な下地が歴然とあるということなのだ。これもアメリカ的な真実ということだろうか。

歴史学者のジャネット・ブロディ教授は、グローブス少将が報告書の細かい内容にほとんど目を通さなかったと証言している。ウォレン大佐は測定結果に手を加えることなくデータとして上げ、残留放射線はデータ通り示しながら、影響は非常に些細で危険ではないという結論に導いている。現地で測定した数値と統計的なデータを巧みに混ぜ合わせていると教授はいい、それ自体矛盾に満ちたものだったが、それはまさしく少将の求めたものだった。報告書の測定結果などのデータを、少将はいちいち確認、照合などしない。報告結果として自分にとって問題がなければそれでいいのである。それは上官たちに「問題がない」と理解されることとなる。

「アメリカの指導者や政治家は、二〇億ドル（現在の貨幣価値で約四兆円）もかけて開発した原爆を捨てる気はありませんでした。そうさせないためには、人々にとって恐怖の源となる『残留放射線』といった負の情報を隠し、科学的メリットや医学的効果など肯定的な結果だけを取り上げ、核兵器開発や原子力産業に希望の光を当てることで、継続的に資金を供給できる体制を作り出す必要がありました。

そのためにグローブス少将は、負の側面から顔を背けたい市民の深層心理につけ込み政治家やアメリカ国民を残留放射線の問題から目をそらすように巧みに操ったのです。

そして日本では、占領期の検閲体制（いわゆるプレス・コード）を利用し、原爆に関わる文書の公表を制限する一方、アメリカでは原子力法など、機密レベルをコントロールできる法を整備してすべての原爆に関わる文書を支配し続け、社会が残留放射線について『無知』である状況を作り出したのです」

ブロディ教授は、グローブス少将らがどのようにして残留放射線の影響を無視する社会状況を作り上げていったのか、を以上のように分析している。しかし、アメリカ社会が無知である間に、広島、長崎で被爆・被ばくした非常に多くの被害者たちは厳しい苦痛から救われないままに放置されている。その責任はアメリカにあり、被害者の状況を変えられず、アメリカの言いなりになって、なす術を知らなかった日本政府にある。

ルポルタージュ「ヒロシマ」

ちなみに、アメリカの厳しい検閲をかいくぐったジャーナリストもいた。

アメリカ政府はアメリカ人記者の広島、長崎への立ち入りを厳しく制限し、アメリカの言論機関に対しては原爆の惨禍を紙面に載せないよう指導していた。原爆による人体への甚大な被害が日本の科学者から報告されるとそのたびにアメリカ政府は、プロパガンダだとメディアに説明した。ある米陸軍の高官に至っては、国民の無知をいいことに「原爆による死は、非常に快適な死に方だ」などと議会で証言している。

ところが一九四六年八月、米誌『ニューヨーカー』が、ジョン・ハーシー記者の広島からの現地報告を、全ページを使って掲載。原爆投下から一年後、ついに、被爆の惨状が世界に知らされたのである。

ハーシー記者はGHQの目を盗んで広島に入り、二週間にわたって取材を行ない、六人の被爆者にインタビューし、被爆者の視点から原爆の恐怖を伝えたのだ。ハーシーは当時三二歳、ピュリッツァー賞を受賞したばかりの新鋭だった。

ハーシーのルポルタージュ「ヒロシマ」を掲載した『ニューヨーカー』が発売されるや世界は息を呑み、怒りに震えた。

「あれほど人が死んだのに、自分たちはどうして命があったのかと、六人の生存者はいまでも不思議がっている」

「炸裂寸前に一歩踏み出したとか、ふと屋内に入る気になったとか、ひと電車早く市電に乗ったとか……些細な偶然や決心のおかげで助かったのだと、めいめいが考えているのだ」(「ヒロシマ」)

このルポルタージュはのちに書籍化され、ジャーナリズムの金字塔と絶賛される。二〇世紀最後の年に報道関係者や評論家が選んだ「二〇世紀アメリカ・ジャーナリズム業績のトップ一〇〇」では、ニクソン大統領を辞任に追い込んだワシントン・ポストのウォーターゲート事件報道をおさえて第一位に輝いている。

初志を貫いたコリンズ中尉

さて、日本上陸寸前、「原爆初動調査」参加のために集まったスタッフの一人で、「ヒロシマ、ナガサキに放射能がないことを証明せよ」と冷水を浴びせられたコリンズ中尉は、「マンハッタン管区調査団」団員として、一〇人の医療関係者とともに、長崎県へ調査に入った。

爆心地からどの程度の距離まで残留放射線を測定できるのかを調べ、現地住民の被ばく量を推定できる地図の作成などを行なった。コリンズ中尉は、

「我々は、残留放射線がどのような値で残っているのか、同量の放射線の値を輪郭線で描くため、ジープを十字に走らせました。風下五一キロ地点では、通常の二倍もの残留放射線を記録しました。一方、風上では残留放射線の影響が非常に少なくなっていました」

彼は残留放射線が人体に与える影響にも注目していた。

「我々は人間がどのくらい放射能を浴びると吐き気をもよおすのか、どのくらいで脱毛が起こるのか分かっていました。我々は住民がどういう場所にいたのかを聞いて、受けた放射線量を予測しました。今回の調査で、原爆について多くのことを学ぶことができました。しかし、その被害の実態を目の当たりにするのはとても痛ましいことでした」

ほどなくコリンズ中尉はアメリカに帰り、そして軍を退役した。コリンズ中尉は、放射線を測定する民間の会社に所属して原爆使用に反対する科学者の一人に名を連ねることになった。彼は「放射線の安全性」に取り組む科学者・物理学者の団体「Health Physics Society（設立一九五六年）」のメンバーとして活動している。

彼のまとめた報告書には日本での残留放射線の測定データが記され、アメリカの国立公文書館に収められている。

「グローブス少将ら米軍は、残留放射線がないことを証明させたくて我々を派遣したが、私は将来の治療に役立てるために広島・長崎へ向かい、残留放射線を測定し、住民の被ばく量を算出した」

コリンズ氏の長女のジョイスさんは父親から、そう聞かされていたという。彼女の父は圧力に屈することなく、科学者としての良心に従って、立派に初志を貫いたのである。

グローブスがついた真っ赤な嘘

一九四五年一一月二八日、ワシントンで米上院原子力特別委員会が開かれ、グローブス少将が呼ばれて、原爆投下後の人体への影響について高い関心を持っていた議員からの質問に、次のように答えている。

オースティン上院議員「残留放射線を調査した記録はありますか」
グローブス「はい、ございます。残留放射線は皆無です。『皆無』と断言できます」
委員長「皆無だった理由は、原爆の爆発の仕方にあるのですか」
グローブス「そうです。爆発は非常に高い位置で起きたため、放射能による後遺症は発生しませんでした。爆発当時は、若干の放射能被害が発生しました。（初期放射線による）急性症状です。爆発の瞬間に被爆しなかった者で、症状を発した者はおりません。また放射能による犠牲者は、我々が知る限りでは比較的少数でした」

委員長や上院議員の間には、「残留放射線は皆無」と強調し続ける少将の発言に違和感を覚えた様子が見え、質問が相次ぐ。

委員長「放射能被害がなかったからといって、別に喜ぶ必要はないのではありませんか。仮に放射能があったとしても、倫理に反することは何もしていないでしょう？」

グローブス「はい、していません。我々は倫理に反する行為は避けたいと思っていたし、事実避けました。この問題は、一握りの、あるいは何千人という日本国民が放射能被害に遭うか、それともその一〇倍もの人数のアメリカ人の命を救うかという問題であると私は思います。これに関して私はためらいなく、アメリカ人を救う方を選びます」

委員長「陸軍省は何度も何度も『放射能による被害はなかった』と強調しているように私には思えます。事実を述べるだけなら問題ないのですが、そのことをむやみに強調するとなると、放射能被害を認めると、倫理的に間違いを犯したことになるという思いが陸軍省側にあったのではないですか」

グローブス「私としましては、何であれ、今回の戦争を一日でも早く終わらせる手段について、何の迷いもございません」

ラッセル上院議員「仮に放射能が甚大な被害をもたらしたとしても、別にそれが倫理に反しているのでは、とほのめかすつもりで質問したわけではありません。しかしいま、アメリカの多くの国民が、原子力とその使用をめぐる多大なる不安の下で生活しております。したがって放射能の影響がいったいどれくらいの範囲にまで及ぶのか、明らかにしておきたいと考えたわけです」

グローブス「皆さんさえよろしければ、いますぐその点をご説明したいと思います。さっきも申し上げたように、調査の結果、爆弾の爆発時を除けばそのような事態は一切起きなかったこと、放射線による犠牲者は比較的少数であることが分かりました。犠牲者が何人ぐらい出たかや、その内訳は不明です。しかし、現地でのあらゆる調査にもかかわらず何も判明しなかったことから、放射能被害がなかったことは明らかです」

ミリキン上院議員「仮に爆弾が地中で爆発したら、影響も違ってきますか」

グローブス「仮に爆弾が地上または地面近く、例えば地上から一〇〇フィート（約三〇メートル）以内で爆発した場合は、ニューメキシコ州のとき（トリニティ核実験）と同じような影響が出るでしょう。何カ月もの間影響が残るということです」

米軍人が米議員の質問に答えたものだからといってないがしろにせず、大いなる誤解を招く部分は多少チェックしておこう。「何千人という日本国民が放射能被害に遭うか、その一〇倍ものアメリカ人の命を救うか」は自国を有利にするためとはいえ、それこそ何万倍もの盛り過ぎというものだ。また、「現地でのあらゆる調査にもかかわらず何も判明しなかった」は真っ赤なウソである。

「すべてを忘れろ」

ウォレン大佐は、一九四六年一一月に軍を退役し、カリフォルニア大学ロサンゼルス校の医学部に原爆エネルギーに関する極秘プロジェクトを立ち上げ、アメリカ原子力委員会（AEC）から膨大な予算を得ていたという。

第二次世界大戦後、このような、核や放射線に関するプロジェクトや研究が、全米各地の大学で数多く、急速に立ち上がって、政府から巨額の資金が流れ込んだ。研究者たちは科学の名の下にアメリカの核兵器開発と原子力産業を支え、潤沢な資金を得ていたのだ。その額は一九四〇年代後半当時の金額で年間一五〇〇万ドル、現在の貨幣価値では約二〇〇〇万ドル（約三〇億円）、それが三〇年間にわたって支給されたという。

一〇〇〇カ所にも及ぶ地点で残留放射線を確認し、人体への影響も探って、海軍の「原爆報告書」をまとめたペース少佐は、アメリカに帰国後、突然グローブス少将に呼び出された。以下は本人の言である。

「帰国後、私は報告書を書き、『シークレット扱い』(準トップシークレット扱い)にした。ある日、当局に呼び出されると、一緒にグローブス少将がいた。彼らはしかめ面《つら》をしていた。

そしてなぜ『シークレット扱い』にしたのか聞いてきた。私が『トップシークレット扱い』にする権限はないというと、上司は『報告書はトップシークレットにすべきだった。これに関係する文書やデータはすべて廃棄し、すべてを忘れろ。報告書を書いたのも忘れることを命じる』といった。これは作り話ではない。私は『イエス、サー』と答え、しっぽを巻いて退散し上司の言う通りにした」

ペース少佐が書いた原爆報告書は、グローブス少将から呼ばれた日から約三〇年もの間、表に出ることはなかった。しかも彼が広島と長崎で測定した残留放射線、約一〇〇〇カ所に及ぶ地点の個別データは、いまも見つかっていない。

彼の報告書の中で、特に高い残留放射線が確認された長崎の「西山地区」は、爆心地から三キロの地点にあり、その間に標高三六六メートルの金比羅山《こんぴらさん》がそびえている。地形としては山の陰になるので、原爆の直接放射線を受けていない。

だが残留放射線量は極めて高い。最大許容線量に近い一〇八〇マイクロレントゲンパーアワーという最高測定値を記録している。報告では、この地区が原爆による残留放射線の人体への影響を知るのに適しているとした。広島・長崎の残留放射線を記録した四つの区域のうち有効な放射線があるように思われたのは、この西山地区一カ所だった。ペース少佐はこういっている。「西山の住民は、原爆の直接の影響とは無関係に残留放射線の影響を観察するのに理想的な集団であった」と。

その西山地区の残留放射線のデータ等を含むペース少佐の報告書類をグローブス少将は、抹殺したのだ。

もしアメリカが、原爆の「残留放射線」に対して、とるべき正しい処理、対策を尽くしていたとしたら、原爆による被害者数は、はるかに低く抑えられていたことだろう。原爆症に苦しむ人々も、その苦しみの程度も桁違いに低く抑えられ、あらゆる意味での二次的・三次的な被害の連鎖を断ち切る望みも持てたことだろう。

だがアメリカは、そうしなかった。原爆投下直後から被爆地に入って広範な調査を行なったアメリカは、一九四五年一二月にまとめた事実上の報告書に、

「爆発の後に残る人体への危険性は無視できる程度である」

と記した。

戦後の長きにわたって広範な調査を行ないながら、貴重な記録、映像、資料を集めながら、それら人類の資産を世界に公開せず、あるいは消去してしまった。

陸軍特殊兵器計画

戦後、グローブス少将は、残留放射線を否定する一方で、核保有の有意義さを説くようになる。一九四五年九月二一日、少将はニューヨークのウォルドーフ・アストリアホテルで、アメリカが原爆を所有することの重要性を語っている。聴衆は、ビジネス、科学分野、軍部のリーダーたち一五〇名。

グローブス少将は高らかに語る。

「この兵器は、他の国が所有するようになるまで、我が国が所有していることで完全な勝利となることは間違いないと思う。原爆を体験したある日本の参謀がファレル准将に語ったところによると、広島の爆弾は耐えがたいものだったという。

たしかに原子爆弾は耐えがたいと思う。戦争で二度と使われないことを願う。他の国々が平和維持に関して我が国と同調する用意があると感じられるまで、アメリカが原爆の管理をすることが最善の安全保障策の一つになると思う。

原爆は、様々な形で平和への力になり得る。侵略国は、平和国家が所有するよりも多くの原爆を保有しなければ、戦争を始めることはできないだろう。国家が秘密裏に兵力増強を行なう機会をなくし、開かれた世界へと主導するための外交取引の材料として使えるだろう」

一九四七年、グローブスはアメリカ軍が核戦略を進めるために設立した「陸軍特殊兵器計画」（ＡＦＳＷＰ）の初代議長に就任する。「ＡＦＳＷＰは国防省の核兵器計画すべてを担当していた機関で、戦争が勃発、またはその可能性が生じたとき、国防省が直ちに、核兵器を製造できる集団を結成できる、その体制確保が任務だった」とグローブス自身が振り返っている。国防省の核兵器計画を主導したＡＦＳＷＰは、鉄壁の機密保持体制を敷き、東西冷戦の時代、最大の権力を誇る組織に成長していった。

終戦後しばらく、グローブスは原子爆弾の爆発直射以外、残留放射線等の人体への影響はなかったと強弁し続けた。新たな破壊への扉を開く人間ではない風を装ってきたようにも見える。だが彼は核戦略推進のための新組織ＡＦＳＷＰを設立し、自ら議長になっている。

彼はアメリカが、原子爆弾を開発し、使用した最初で唯一の国家であることを悔いたであろうか。想像を絶する空前の破壊を省《かえり》みただろうか。史上最悪の悲惨な被害を与えたことに懺悔《ざんげ》の思いを抱かなかったのだろうか。原爆は耐えがたいと自ら述べた、マンハッタン計画の開発・実行責任者は、躊躇《ためら》うことなく、新たな核兵器の開発を促したのだ。

新たな核の開発が、これまでの数十倍、数百倍、それ以上の威力、破壊力を生み出すことを彼は知っていたはずだ。生み出される悲劇の量、程度も人知を超える怖ろしいものになっていたはずだ。

それゆえ、原爆の開発者、計画推進者の罪は極めて重い。我々は、オッペンハイマーの個人的な悔恨に付き合っている余裕はないのだ。原爆を創り出す労力、資金力、努力は尋常ではないが、生み出したものが増幅していくのを抑止することはさらに困難である。

抑止なき核実験の果てに

アメリカは原子爆弾を実用化したのち、膨大な国家予算を注ぎ込んでこれを維持し、拡大していった。しかし一国のみが有する最新・最強兵器は、必ず真似《まね》られて、新所有者を得る。独

水爆実験、左下に沈まなかった戦艦「長門」が見える

占は絶対に許されない。

グローブスは原子爆弾を生み出し、世界で最初に核実験を行ない、また初めて実戦使用した唯一の将軍であったが、一九四五年七月以来、冷戦期にはアメリカ、ソ連を中心に約二〇〇〇回の核実験が行なわれている。

現在核保有国は、九カ国、アメリカ、ロシア、イギリス、フランス、中国、インド、パキスタン、イスラエル、北朝鮮である。最初の核爆弾から八〇年を数えつつあるいま、世界の紛争、戦乱の火種は絶えることはない。大国が軍拡を競い、核兵器のレベルアップに狂奔する時代は、決して過去のものではない。

そしていま、まさに、ロシアは弱国につけ込み、争いの炎を大きく噴き上げている。ウクライナ、いや世界は、危機に瀕している。

アメリカは、原子爆弾による広島、長崎の衝撃がさめやらぬ一九四六年（昭和二一年）、新たな核実験に手を染める。以来、アメリカの核開発は、広島型原爆の数百倍、数千倍もの破壊力を持つ水素爆弾を主とするようになり、一九四九年八月に初の核実験に成功したソ連も、一九五五年（昭和三〇年）一一月には水爆実験を成功させる。

もはや核の抑止力とは、お互いを抑制するためのものではない。相手に自分を超えさせないための脅しであり牽制である。それはどこまでも広がって止まることをしらない。

グローブスがいみじくもいったように、侵略国は平和国家が所有するよりも多くの原爆を保有しなければ、戦争を始めることはできない。ということは、常に世界最大最強の核兵器を所有するアメリカだけが、今後も核大国として世界に君臨し続けることになってしまう。

しかしそれでは、ロシアも中国もより一層の核開発を、何としても実現しなければならないことになるだろう。

すなわち、アメリカが率先してやめようとしない核開発は、次々に後続の核保有・核推進国家群を広げ、その破壊レベルを無限に高めていくことになる。被爆者・被害者を救済することも、その不幸を二度と繰り返さないようにすることも、ますます困難になるのである。

第三の被ばく

一九五四年（昭和二九年）三月一日、南太平洋で操業していた日本漁船「第五福竜丸」が、ビキニ環礁で行なわれたアメリカの水爆実験によって発生した「死の灰」を浴びた。第五福竜丸は半月後、静岡の焼津港に帰ったが、乗組員が体の異常を訴え、多量の放射能が検出された。乗組員の一人久保山愛吉さんが被ばくにより九月に亡くなった。久保山さんは、広島、長崎の犠牲者に次いで、核兵器による犠牲者となったのだ。

この三月一日に爆発させた水素爆弾は「ブラボー」と名付けられたが、広島に投下された「リトルボーイ」の一〇〇〇倍の威力があったとされる。

この事件は世界を驚かし、ロンドン・タイムズは「水爆最初の犠牲者、日本人漁民死す」と報じた。一方アメリカ政府は、第五福竜丸にスパイ船の疑いがあると発表して顰蹙《ひんしゅく》を買うことになる。東京の築地市場では南太平洋で捕獲されたマグロが「原爆マグロ」と呼ばれ、まったく売れなくなった。

この事件でも、不必要に被害を過大にしたアメリカ軍の罪は大きく、責任は重い。当初、米軍が爆弾の威力を低く（四～八メガトン）見積もったため、第五福竜丸も含め安全とされていた水域にいた日本漁船六八三隻が被ばくした（被ばく者数は不明だが、二万人以上という説もある）。実際の威力は一五メガトンとはるかに高く、アメリカ政府はあわてて危険水域を拡大している。

アメリカ政府は、第五福竜丸の被ばくを過小に見せようと、四月二二日の時点で、アメリカ国家安全保障会議の作戦調整委員会（ＯＣＢ）が、「水爆や関連する開発への日本人の好ましくない態度を相殺するためのアメリカ合衆国連邦政府の行動リスト」を起草し、科学的対策として「日本人患者の発病の原因は、放射能よりもむしろサンゴの塵の化学的影響とする」と虚偽の内容を発表、「放射線の影響を受けた日本の漁師が死んだ場合、日米合同の病理解剖や死因についての共同声明発表の準備も含め、非常事態対策案を練る」などとした。またアメリカ原子力委員会の委員長だったストロース退役海軍少将は、三月三一日の記者会見で、第五福竜丸が危険区域の奥深くまで進入していたことは間違いないと主張した。大統領報道官に、第五福竜丸をソ連のスパイ船だと吹き込んだのもこの男である。

世界中からアメリカのアイゼンハワー大統領に抗議の署名が殺到した。これを機に、原水爆禁止を訴える声が上がり、翌一九五五年、広島市で第一回原水爆禁止世界大会が開かれるに至った。

死の灰

乗組員が灰を浴びたその日、第五福竜丸はマーシャル群島近海にあったが、アメリカ軍が設定した危険水域の外で操業していた。

乗組員たちは目も口も開けられないほど灰が降ってきたので、危険を察知して海域からの脱出を図った。しかし延縄《はえなわ》の引き上げに手間取り、約四〜五時間、放射性降下物の降灰を全身に受け続けながら作業を行なうこととなり、乗組員二三名全員が被ばくした。同じように、船体、捕獲したマグロも被ばくした。

その後、帰港までの二週間、乗組員は身体や甲板を十分に洗浄しないまま過ごし、やけど、頭痛、嘔吐、眼の痛み、歯茎からの出血、脱毛などの急性放射線症状を呈した。

同船は帰港までの二週間、SOS（救難信号）を発しないまま、自力で航海を続けたという。これは、乗組員には兵士や水兵だった者が多く、第五福竜丸の安全海域での被ばくという事実を隠蔽するため米軍から撃沈されることを恐れていたためである、ともいわれている。

帰港後、乗組員は「急性放射線症」と診断された。三月二八日には比較的軽症の乗組員二一名も米軍の輸送機で焼津から東京に運ばれ、入院した。体の表面に付着した「放射性降下物」

によるベータ線皮膚照射で、皮膚に紅斑《こうはん》、炎症、水疱、びらん、潰瘍が認められたが、数カ月で治癒し、がん化するようなことはなかった。

造血器障害は初期にはリンパ球の減少が全員に見られたが、被ばく第八週から回復し始め、白血球数は約八年後に正常に戻った。生殖細胞は二〜三カ月後にはほとんど消滅したが、数年後には完全に回復した。染色体検査では、異常の増加が認められたが、臨床的症状に結びつくものではなかった。

甲状腺については一九六五年（昭和四〇年）の検査では、一例だけ甲状腺腫が認められたが、翌年の検査では消えていた。その後も甲状腺腫は認められていない。その他の症例は正常な甲状腺機能を示した。

第五福竜丸と乗組員

その後も、第五福竜丸被ばく者二二名の事故後の健康調査は、放射線医学総合研究所により長期継続的に行なわれている。二〇〇四年度の研究所報告によれば、二〇〇四年までに一二名が死亡、うち肝がん六名、肝硬変二名、肝繊維症一名、大腸がん一名、交通事故一名である。生存者の多くには肝機能障害があり、肝炎ウイルス検査では、A・B・C型とも陽性率が異常に高かった。

「死の灰」とは数多の核実験が必然的に生み落としてきた、負の大問題である。当然、核実験の実行者であり、成果を得るはずのアメリカが全責任を負わなければならない。だが結果として責任を負ってはいないし、負う意思があったとも思えない。

「核」によって生まれたあらゆる健康被害、環境破壊が、新たに生み出されることを、私たちは拒否しなければならない。人間は新たな破壊を生み出さず、すでに生み出され様々に壊されてしまったものを復活し、再生するための努力を惜しんではならない。

さらに、忘れてはならないことがもう一つある。それは、アメリカは、いったいどのような資格でこの場所を実験場に選んだのか、どのような理由でここを実験場にしてかまわないと判断したのか、という疑問である。

日本領だったビキニ環礁は、第二次世界大戦後アメリカの領土となった島で、一九四六年からアメリカの核実験の実験場として使用されるようになり、一九五四年から新たに水爆実験が行なわれるようになった。太平洋上ではフランスも、一九六六年（昭和四一年）から南ポリネシアのムルロア環礁で水爆実験を含む核実験を行なっている。

終わらない悲劇

一九五四年三〜五月のビキニ環礁での水爆実験で、放射性降下物「死の灰」は太平洋を越えて広がり、広範囲に及んでいたことが、一九八四年（昭和五九年）に機密を解除された米公文書から明らかになった。機密解除された情報を、広島市立大学広島平和研究所の研究者が分析した結果、降灰の総量は二二・七三メガキュリーで、降灰範囲は、東はアメリカ本土、西は日本列島に及んでいたことが明らかになった。二〇一五年（平成二七年）、水産庁が公表した文書によれば、当時付近を航行し被ばくした漁船や貨物船は延べ一〇〇〇隻を超えるとされ、調査した研究者は、核実験が地球規模の環境汚染問題であると警鐘を鳴らしている。

アメリカは一九四六年から旧日本領のマーシャル諸島のビキニ環礁とエニウェトク環礁で六七回の核実験を行なった。これは住民を追い出しての実験強行だったため、批判が高まり、一九七七年（昭和五二年）からアメリカ政府は、住民が帰還できるようにエニウェトク環礁で汚染除去作業を始めた。一九八〇年にかけて延べ八〇〇〇人の米兵、民間技師が現地に入っている。核爆発でできたエニウェトク環礁ルニット島のクレーターに放射能で汚染された廃棄物（米本土の核実験場から出た廃棄物も含まれていた）や汚染土を流し込み、コンクリートで蓋をして覆った。これは「ルニット・ドーム」と呼ばれ、五〇メートルプール三五個相当の汚染物質が格納されている。

のちになって、このとき除去作業に当たった米兵などの中から被ばく後遺症と思われる症状が出ている。アメリカ軍では一九四五〜一九六二年の核兵器の任務に就いた米兵については、「被ばく退役軍人」として治療費などを支援しているが、エニウェトク環礁で作業した元米兵には適用されず、放置されている。

また、マーシャル諸島政府は、最近の異常気象で海水面が上昇したことで、ルニット・ドームが崩壊し、汚染物質が流出する危険が高まっていると懸念している。米エネルギー省は「ドームが崩壊する危険はない」としているが、マーシャル諸島政府のネムラ外相は、「状況は悪化しているという情報もあり、住民が危険にさらされる恐れがある」と米下院公聴会で訴えている。

悲劇は核実験だけではない。日米戦争中には島民が地上戦も経験した。日米両軍の兵士三〇〇〇人が命を落とし、島民も巻き込まれた。エニウェトクのアディング首長はいう。「アメリカは核のゴミを自国に持って帰りたくないだけだ。なぜ我々は大国のエゴを担い続けなければいけないのか」と。

南太平洋に残された核実験の傷跡であり、巨大な棺のような汚染物貯蔵庫ルニット・ドームの今後は、当のアメリカが贖《あがな》うべき罪の投影である。原爆、核実験、原子力発電と、裏側で背負わなければならない荷物の重さは無限である。そしてその重みを生じさせている者こそ、このことを最も強く受け止め、感じなければならない。

二〇一〇年（平成二二年）、マーシャル諸島共和国は、ビキニ環礁を世界文化遺産として申請し、登録された。ビキニ環礁には現在も住民はいないが、短期間の滞在は可能である。

核科学者、レベンソール

一九四六年、原爆による放射線の医学的生物学的晩発影響を長期にわたって調査するため、ABCC（原爆障害調査委員会）という組織が米陸海軍によって設立された。ABCCは一九四七年三月、広島に設置され、翌年長崎でも活動を開始する。アメリカは広島、長崎に放射能は存在しないと公言する一方で、原爆放射線の影響を調べるため、「マンハッタン計画」に参加した科学者が中心となって、陸海軍主導のもとで、調査研究機関を立ち上げたのである。

一方、アメリカ空軍もトレイサーラボという会社と契約して、調査、研究を行なっている。

もともと同社は様々なタイプの放射性物質の検知と調査分析のための核関連器具を製造していた。

やがてトレイサーラボ社は、国の政策で空白になっていた「核兵器をどこに、どのくらい速やかに移動させられるか」「誰が核兵器を扱うべきか」など、秘密裏に行なわれるアメリカ政府の決定を補助する役割を担うようになる。

この会社に所属していたアメリカの核科学者リオン・レベンソールが、ＡＢＣＣとは別に、日本で残留放射線を調査し、重要な記録を残している。

空軍にはAir Force Office of Atomic Energy 1（ＡＦＯＲＴ・１）という秘密組織が存在し、その目的は、他国（主にソ連）による核兵器第一号の爆発を長期にわたってモニターすることだった。トレイサーラボ社は、そうした核爆発によって発生する放射性降下物を検知する複数のリモート・フィールド・ステーション（遠隔野外観測所）を設置する役割も担っていた。

原子爆弾が爆発するとき、核分裂性物質の多数の極めて小さな粒子が形成され、また、放射性物質の残留物がその粒子と結びつく。ＡＦＯＲＴ・１のミッションはこうした粒子の物理学的、および放射化学的な分析から診断情報を手に入れることであった。

一九四九年（昭和二四年）、リオン・レベンソールは同僚とともに、二つの原子爆弾に由来する粒子のサンプルを見つけるために長崎と広島に送られた。この出張には、もう一つ別の目的があった。それはグアム、フェアバンクス（アラスカ）、横田空軍基地に設置した研究施設で、レベンソールらが訓練した人材が、放射性降下物検知の最初の部隊として能力を備えているかどうかを調査・査察することだった。

一九四九年はレベンソールがカリフォルニア州バークレーのトレイサーラボ社に入社した年で、同年八月二九日、ソ連はセミパラチンスク核実験場で、初の核実験を成功させる。アメリカ空軍のAFORT・1の技術者は極秘裏に行なわれたソ連の核実験を、放射性物質を検知・分析することで把握し、国防長官へ伝えた。

各国で極秘に進められていた核兵器開発の情報分析は非常に重要な意味があった。レベンソールは核爆発により放射性物質がどのように広がるかなど、少しでも多く有益な情報を集め、分析するため、広島、長崎を調査したのだ。アメリカ軍にとって日本の被爆地は、核爆発による資料集積の絶好の場所だった。

トレイサーラボ社と契約を結んでいた米空軍には、世界中の核実験の大気試料を採取する高度なメカニズムがあった。例えばソ連で核実験が行なわれると、空気フィルターを搭載した空軍の航空機が核実験場の風下に最接近して、試料を採取する。試料はすぐに、トレイサーラボ社の研究室に持ち込まれ、分析にかけられる。同社は、核実験による地震、音響、放射性物質などを探知・分析することで、爆発を起こした核爆弾の大きさ・機械材料・核威力などをほぼ再現できたという。

このシステムの中では、組織のトップ数人だけが進行中のプロジェクトの全容を把握している。職員はみな個々の担当する自分の仕事については精通していたが、それらがどう連動し、関わり合うかは一切知らされなかった。これは「マンハッタン計画」でグローブス少将が作り上げた体制を真似たものだという。

トレイサーラボ社でレベンソールの部下として長く一緒に働き、その後、核兵器による放射性物質の調査分析を請け負う会社の研究所長を務めた核科学者のロドニー・メルガードは、「広島・長崎に残留放射線が存在したか？」の問いに、「もちろん存在したと思う」と答えた。

さらに、

「原爆を開発した科学者たちは正確に把握していました。爆発直後、放射性物質の九％は空気中にあり、小さな粒子が風に乗って浮遊していたはずです。風下であれば、数キロ離れた場所でも、命を脅かすような放射線の影響があったでしょう。私の認識では、核爆発によって残留放射線が発生することは、原爆開発に取り組み始めたときから認識されていました」

と語っている。

またグローブス少将が一九四五年一一月の上院原子力特別委員会で、残留放射線は皆無だと発言したことについては、「信じられない」とつぶやき、「その発言は、科学的に正しくありません。ただ、科学には政治的な側面がある。残留放射線は、非常に深刻な話だ」と答えている。

一九四九年、レベンソールは長崎で、原爆で発生した古い放射性降下物を探した。彼らはジープで西山地区にある農場に行った。一人の農家の婦人が倉庫から、畑仕事のとき頬被りしていた手拭いを持ってきてくれた。彼女は、原爆の後にやってきた泥の雨がこの手拭いの上に降った、と語った。屋根の樋《とい》をガイガーカウンターで調べると、堆積した沈殿物は高い放射線値を示した。その後レベンソールは、貯水池からサンプルを収集した。薬局へ行って瓶と栓をするコルクを手に入れ、貯水池のサンプルを採取した。

その夜、婦人の手拭いをエックス線フィルムで両側から挟んで撮影した。光に反応しないよう、作業はすべてクローゼットの中の暗闇で行なった。横田基地のラボでそのフィルムを現像すると、放射性物質粒子による斑点が見られたという。

レベンソールは、西山の住民や長崎市の気象観測員から、原爆当日の西山地区の様子を聞き取っている。

「原爆の投下された日は、秒速三メートルの南西の風が海から吹き、気温は平均二九度だった。爆心地の北東にある浦上地区ならびに西山地区と本山地区で原爆投下の約一時間半後に降雨があった。西山地区に降った雨は赤みがかった黒色で、異物が混じった大粒の雨だったといわれている。排水溝が詰まるほどの濃い雨だった。貯水池の水には苦みがあり、一週間飲めなかった。浦上地区の北端や長崎医科大学でも、雨粒の大きな赤みがかった黒い雨が見られた」

レベンソールは、西山地区で採取した土をアメリカに持ち帰った。そこで、人体への影響の手がかりとなる放射性物質の「核種」も突き止めたと手記に記している。「核種」とは、原子核の種類のことで、陽子と中性子の数によって、放射性物質の種類が特定される。

レベンソールらはバークレーに戻って土を分析した。そこにはセリウム144とルテニウム103が見られた。したがってこのサンプルは長崎に投下されたプルトニウム原爆によるものと確認された。

広島大学の星正治名誉教授は、レベンソールが西山地区で採取した土から得た「核種」を測定、分析している資料を見て「こうした測定ができるのは、ものすごい量の放射能があるということです」と語っている。

「ルテニウム103とセリウム144は核実験の後によく見つかる核種です。特に放射線の人体への影響を考える場合は核種を同定（原子核の原子番号に加えて、質量数【陽子と中性子の合計】を確定）することが必要となります。例えば、（核種が）プルトニウムやストロンチウムだったら骨に影響を与えるとか、放射能を構成する核種が分かることで体のどこに影響を及ぼすかが分かるんです」（『原爆初動調査 隠された真実』）

星名誉教授は、セミパラチンスクや、チョルノービリ（チェルノブイリ）原発事故での住民への放射線影響について長年研究を続け、ビキニ環礁でのアメリカの水爆実験で、周辺海域を通ったマグロ漁船、貨物船の乗組員の歯や血液から放射線の痕跡を探し解析して、第五福竜丸以外の日本船の乗組員が被ばくしていたという事実を初めて科学的に裏付けた物理学者である。

日本が核種を分析し始めたのは爆弾投下から九年後の一九五四年、アメリカの水爆実験による放射性物質、「死の灰」を浴びた第五福竜丸の乗組員が死亡し、核実験による残留放射線の影響が世の中で広く問題視された時期だった。星名誉教授は語る。

「第五福竜丸の頃は、核実験によって放出された放射性物質のサンプルを持ち帰ってベータ線を測ってエネルギーを測るんですが、大変な実験です。これまで広島・長崎の核種を同定した話はないと思う。広島・長崎のデータを見たのは初めてです」

レベンソールは、日本の科学者が、第五福竜丸で核種を分析した五年も前に、人体への影響を知る鍵となる放射性物質の核種の分析を行なっていたのだ。そのとき「核種の情報」が日本に伝えられていたら、多くの人が救われていた可能性があったかもしれない。

アメリカは、残留放射線の人体への影響はそんなに大きくないという公式見解を発表してきた。一方で、こうした調査を日本で行なっているということは、様々なことが内部では議論されていたのだろう。なぜいままでこの調査が隠されてきたのか、公的な報告がなされてこなかったのか、怒りを覚えるのは私だけではあるまい。


一九五〇年、日本の被爆地に残る放射性物質の採取と分析を終えたレベンソールはアメリカに帰国し、国の原子力委員会で調査報告を行なった。

「原子力委員会の施設で行なわれた、放射性微粒子プログラムに関連した会議に、スタッフォード・ウォレン博士、K・ラーソン氏と一緒に出席しました。私とメンカー博士が日本で実施した調査について議論され、長崎と広島で低レベルの放射能が広範囲にわたって残存している証拠が得られたことに多くの関心が寄せられました。

継続している問題として、被ばく地域の肥料に現地住民のし尿が用いられるため、除去された放射性物質がその地域に戻されるだけでなく、放射能に汚染されていない地域にも散布されることがあります。放射能の有無を測定するためには、土壌のコアサンプリングと長期計画を実施し、優れた低バックグラウンド検出装置を用いた土壌調査を行なう必要があります」

逃げ惑う長崎市民

レベンソールが掴んだ核種データが次の大きな発展に結びついたかどうかは、我々の前には示されていない。彼が残した未完の手記には、次のように記されている。

「広島と長崎で私は、甚大な被害を受けた広大な地域を歩いてまわり、そして、被害者たちに会った。ある日紹介された長崎の男性（永井隆博士）は、もと放射線医師で、放射線被ばくが原因で白血病になり、死期を迎えようとしていた。

他にも、三菱製鋼所の工場建屋が原爆で真っ平らに潰れていたこと、刑務所の厚さ三フィートの壁が、原爆で倒れた後も、囚人たちを下敷きにして『捕らえ続けていた』ことを印象的に覚えている。

どちらも何もなくなってしまった爆心地に近いところにあった。かつて人々が住み、生活を営んでいた丘の斜面は、原爆ですべてが剝ぎ取られ何もなくなっていた。

この調査の後、私は、原子爆弾を使用しようとするあらゆる考えに反対の立場をとるようになった」

第四章　アメリカはお友達？　だが……

オッペンハイマーが伏せた不都合な真実

一九四五年八月一五日、日本は無条件降伏を受け入れ、太平洋戦争、第二次世界大戦は終わった。

長崎への原子爆弾投下後も、アメリカは第三の原爆を落とす準備に入ろうとしていたが、日本の降伏により、投下はされなかった（もはや一発も残っていなかったとの説もある）。

広島への原爆投下後、日本は短波放送で広島の惨状を世界に伝えた。

「原爆が投下されたとき、小学生は校庭で朝の体操の最中だった。アメリカ軍は冷酷にも最悪の時刻に攻撃したのだ。人々はやけどで皮膚がただれ、苦しみにもがいている」

「原爆はいまや世界の批判の的となっている。それは〝人類への呪い〟だ。罪のない市民の大虐殺の様子は言い表すこともできない」

「この死の兵器を使い続ければ、すべての人類と文明は破滅するだろう……」

そこには、アメリカが国際法に違反する非人道的な兵器を使用したことに徹底抗議し、世界の人々に訴えようとの意図が込められていた。

このラジオ放送を情報源に、世界の報道機関は広島への原爆投下を一斉に報じた。八月二五日、アメリカのニューヨーク・タイムズは、こう報道した。

「ラジオ東京は伝える。ヒロシマは死者の行列であふれ、生き残った人々も死を待つばかりである。原爆の放射能で、三万人が死亡。放射線によるやけどでいまも死者が増え続けている。放射能は無数の犠牲者を生み、救援にかけつけた人までもが様々な病気に苦しめられている。ヒロシマは死の町と化した」

この記事がきっかけとなって、世界中の新聞社が原爆投下に批判の目を向け始めた。イギリスのデイリー・エクスプレスは、「ヒロシマでは原爆が落ちた三〇日後にも人が死んでいる。それは『原爆の疫病』としか表現できない」と論じ、中国の解放日報（共産党機関紙）は、「原爆で平和を勝ちとることはできない」とアメリカを非難した。

日本のラジオ放送とそれに呼応した新聞報道がアメリカの残虐行為の実態を白日の下にさらしたのだ。

さらにワシントン・ポストには、コロンビア大学の遺伝学者ハロルド・ジェイコブソンの、次のような主張が載せられた。

「広島に投下された原子爆弾の被害の程度を確かめようとする日本人の試みは、自殺行為である。その結果、血液中の赤血球が破壊され、酸素を取り込むことができなくなり、白血病の患者と同じように死亡することになる。また、原爆の放射線は約七〇年間消えないという実験結果もあり、もしそうだとしたら被爆地は、月と同じような荒廃した地域となる。さらに、降り注ぐ雨はこの致死量の放射線を拾い上げ、川や海に運び、その川や海に棲む動物たちは死んでしまう」

原爆の残留放射線が与える深刻な影響についてのジェイコブソンの指摘は、アメリカ社会を震撼させるものだった。だが、アメリカ陸軍が打った手は素早かった。

翌日のニューヨーク・タイムズに、「陸軍はジェイコブソン博士の説を否定」との見出しで、オッペンハイマー博士の長い論説を掲載させたのである。

「ヒロシマの地面に、はっきり認められるほどの放射線は存在せず、わずかに存在していた放射能もごく短時間に減衰したと信じるべき確かな理由がある」

その後ジェイコブソンは、数時間にわたり自宅でＦＢＩと陸軍情報部隊の尋問を受けた。そして政府の秘密保持規則に違反するスパイ活動法により訴追すると脅され、発言を撤回したことは、前に述べた。

しかしジェイコブソンの主張を否定するオッペンハイマーの見解は、「マンハッタン計画」に関わった科学者に失望を与えた。「マンハッタン計画」で放射線外科医を務めたロバート・

ストーンは、日本へ原爆調査に赴く社会科学者のフリーデルに手紙を送った。

「あなたを含め、このマンハッタン計画に関わってきた多くの人々は複雑な気持ちを抱えながら仕事をしてきました。私たちは原子爆弾と原子力の利用が手の届くところに来たこと、そしてもし我々がそれをやらなければ、我々自身の存在が危うくなることにも気づいていました。しかし原爆を使用することは、その破壊力が人の想像力を超えてはるかに甚大であることから、すでに日本人がそうしたように、我々に対する強い非難につながるだろうと感じています。

ひとつ疑問に思うのは、原爆爆発の危険が過ぎ去ったのちも放射線の危険が残るということを、（事前に）警告したのでしょうか？　日本人に対して警告が与えられたのかどうかを突きとめてくれ、と私は頼みたいのです。

例えば赤十字のスイス人のスタッフが原爆投下の数時間後に広島に入ったとしたら、そしてまったく何の警告も受けておらず、何も感じないまま放射線の影響で死んだとしたら、我々は不必要に人の命を奪ったことに対して、罪の意識を持つことになるでしょう。個人的に私は、人を殺す方法に、ほかよりもましだとかひどいというものがあるとは思いません。日本人を放射線のある地域に行かせることの方が、炎で焼かせたり、地雷を仕掛けるよりも非人道的だとは思いません。

ただ、この点をあなたに尋ねるよう頼まれたのです。答えを見つけるべく誠実に努力してください。

新聞でオッペンハイマーの言葉の引用を、そして放射線の危険がまったくないという印象を与える記事を読んだときは、自分の目が信じられませんでした」

疑惑の通話記録

八月二五日、グローブスは、オークリッジ病院の外科医チャールズ・リー陸軍少佐に電話をかけ相談している。その通話記録が残っている。

グローブス「報道はこうだ。『ウランの核分裂により生じた放射線は、次々と人命を奪い、広島の復興作業者にも多様な障害をもたらしている』」

リー「多分こんな話がいいでしょう。放射能なら被害はすぐには出ない。じわじわ出るんです。被爆者はただやけどしただけですよ。やけどもすぐには気づきません。じわじわ出るんです。少し赤くなって、数日したら水ぶくれが出て、皮膚が崩れたりしますね」

グローブス「次はまたやっかいな話だ。『数日後に不思議な症状で死んだ被害者は、米国の大規模核実験の犠牲者と死因が同じだろう』とラジオ東京が報じた。事実ならとんでもない話となる」

リー「お偉方のどなたかに否定声明を出させたらいかがですか？」

グローブスは、この通話記録を「あえて残した」のだと歴史学者のジャネット・ブロディ教授は指摘している。教授は長い間、核兵器の放射線をめぐる組織と個人の関わりを、機密文書や関係者の取材メモなど膨大な記録からたどり、追跡、研究し、真相を求めてきた。通話記録を残すことで、原爆投下を指揮したグローブスは、原爆の放射線に関する知識を持ち合わせていなかったという事実を明らかにできる。その証拠をでっち上げようとした思惑が見えるというのである。

グローブスが放射線の知識を持ち合わせながら原爆投下を指揮したことが明らかになれば、投下によって戦争を終結させたという彼の高い評価は一変してしまう。国際法に違反する非人道兵器を使用したという非難に変わりかねないのである。

そうとられないためには、トリニティ実験では残留放射線の危険性について科学者からレクチャーを受けていながら実はそのことをよく分かっていないように見せた方がいい……。「マンハッタン計画」の機密資料と通話記録を文字に起こしたメモのすべての保管責任者でもあったグローブスは、通話記録が残されることもよく知っていたのである。

ここから、グローブスの新たな闘いが始まる。

日本人は「けだもの」

明らかな戦争犯罪を、避け得ない正当行為と言いくるめるようなトルーマン米大統領の原爆投下時の声明等々を読むとき、私たちの多くは、意外というより「やっぱり」と受け止め、どこかアメリカ軍および指導者の言動にかすかな納得感を抱いたのではないだろうか。

彼は日記に、

「我々は世界史上最も恐るべき爆弾を発見した。それは伝説的なノアの方舟《はこぶね》の後、ユーフラテス文明の世に予言された火炎地獄（ソドムとゴモラ）なのかもしれない」（ロナルド・シェイファー著『アメリカの日本空襲にモラルはあったか』）

と記したように、自らの罪深い行為を古代文明に例を採ってまで、正当化しようとした。

有馬哲夫氏はその著『原爆・私たちは何も知らなかった』で、「戦争に勝つためなら、大量破壊兵器として使うので十分なのに、わざわざ大量殺戮兵器としての使い方を選んだ理由は、トルーマンとバーンズ国務長官が日本人に対して持っていた人種的偏見と、原爆で戦後の世界政治を牛耳ろうという野望以外に見当たりません」と述べている。

原爆投下の最高責任者として、前任のルーズベルトから引き継がれた、アメリカ人犠牲最少化という大義名分があったとしても、史上最大の最悪兵器を使用してしまったという罪の意識には、とらわれていたに違いない。

一九四五年八月九日、米キリスト教会連盟は、「トルーマン大統領閣下、多くのキリスト教徒は日本の都市への原爆投下に深く心を痛めております。それは不必要な無差別破壊行為であるからです。これは人類の将来にとって極めて危険な前例であり、日本国民には新型爆弾に関する事実を確認し、降伏条件を受け入れるのに十分な機会と時間が与えられるべきです」と非難する抗議電報をトルーマンに打った。

八月九日付電報でトルーマンは、「けだものと接するときはそれをけだものとして扱わなければなりません」と返信したが、彼はそのとき、自身がけだものになっていたのかもしれない。

世界支配への野望はともかく、トルーマンが強烈な印象を我々に与えるのは、やはりその人種差別的意識であろう。トルーマンは、ポツダムでイギリスのチャーチルと会談したときも、原爆投下後の国民に向けた声明でも、繰り返し、日本の真珠湾攻撃に言及している。

つまり彼は、何よりも真珠湾を攻撃した「輩」に懲罰を下したかったのである。真珠湾攻撃がトルーマンの復讐心を掻き立てたのは、それが道徳的に許されないものだったとか、米艦隊が壊滅してしまったからというよりも、自分たちより劣っているはずの日本人がそれに成功したからである。

若い頃トルーマンは、のちに妻となる女性ベスに送った手紙にこんなことを書いている。

「おじのウィルは、神は白砂で白人を造り、泥で黒人を造り、残ったものを投げたら、それが黄色人種になったといいます。おじはジャップが嫌いです。私も嫌いです。多分、人種的偏見なんでしょう。でも、私は黒人はアフリカに、黄色人種はアジアに、白人はヨーロッパとアメリカに暮らすべきだという意見を強く持っています」

フランク・レポート

戦時中の一九四五年六月一一日、シカゴ大学に設けられた、「マンハッタン計画」に協力した七人の科学者による委員会は、原子エネルギー、特に原子爆弾の社会的、政治的影響を検討して、大統領に宛てて報告書を提出した。「政治的・社会的問題に関する委員会報告」をタイトルとするこの報告書は、委員長ジェームス・フランクの名をとって、「フランク・レポート」と呼ばれている。

報告書は五つの節からなり、初めに、マンハッタン計画に参加した科学者という特殊な立場から、発言するのは自分たちの義務と考え、「残りの人類はまだ気づいていない深刻な危機を知った自分たち七人が、ここでの提案をなすことが、他の人々への自らの責任である」と記した上で、科学的知見に基づいて、戦後に訪れるであろう世界の予測を行なっている。

そこでは、基礎的科学知識が共有され、またウランも独占はできないため、どんなに機密性を保持したとしてもアメリカの優位が「数年以上我々を守り続けることができると望むのは馬鹿げたことである」として、核兵器のアメリカによる独占状態も長くは続かないだろうと予測した。

さらに、核兵器にはそれに応じて防ぐ有効な手段を提供できないという致命的な弱点がある。結局、核戦争の禁止協定のような、国家間の国際的合意を行なうことによってしか、戦後の核開発競争と核戦争の危機を防止できないと断じた。

報告書は、この国際的合意の締結のために、「核兵器を日本に向けて初めて使用する手段と方法が、大きな、おそらくは運命的な重要性を帯びる」とした。そして、日本に対する予告なしの原爆使用は、他国からの信頼を失い、国際的な核兵器管理の合意形成を困難にするであろうと警告。

日本に対して、無人地域のデモンストレーション実験を行なうこと、もしくは爆弾を使用する前に早急に核兵器の国際的な管理体制を作り上げるよう、訴えた。

「フランク・レポート」は、「マンハッタン計画」に従事したシカゴ大学の科学者グループから生まれた。原子炉建設など、計画初期には重要な役割を果たしていたが、ドイツが原爆を保有していないことが明らかになる一九四五年春頃から、グループの科学者の間から、日本への原爆使用への懸念が示されるようになった。

メンバーはフランクの他、ドナルド・ヒューズ、J・ニクソン、ユージン・ラビノウィッチ、レオ・シラード、J・C・スターンズ、それにグレン・シーボーグである。このうち委員長のフランクは一九二五年のノーベル物理学賞を、グレン・シーボーグは一九五一年のノーベル化学賞を、それぞれ受賞している。

「フランク・レポート」は、一九四五年六月一一日、大統領に提出された。

紆余曲折ののち、彼らの提案は拒絶された。

のちにオッペンハイマーは「フランク・レポート」に対して、「あの当時、反戦派と抗戦派に分断されていた日本政府が、フランクらが主張するように高高度で爆発させ、爆竹程度の被害しか与えないようなやり方で降伏したかどうか自問してみれば、答えは誰でも自分と同じようなものになるだろう。分からないのか」

と語ったが、本当に彼はそう信じていたのだろうか。

原爆投下はホロコースト

終戦後、第二次世界大戦における戦争犯罪を裁くニュルンベルク裁判（ドイツ）と極東国際軍事裁判（日本）が開かれた。極東国際軍事裁判（いわゆる東京裁判）で連合国は、ニュルンベルク裁判との統一性を求めた。

インド代表のラダ・ビノード・パール判事は不同意判決書（日本の無罪を主張）の中で、アメリカが日本に原爆を投下したことの犯罪性を不問に付した東京裁判の判決に対して、痛烈な批判を投げかけた。

パール判事は、日本軍による残虐な行為の事例は、「ヨーロッパ枢軸の重大な戦争犯罪人の裁判において、証拠によって立証されたと判決されたところのそれ（ホロコースト）とはまったく異なった立脚点に立っている」と指摘した。

これは、戦争犯罪人がそれぞれの指令を下したとニュルンベルク裁判で認定されたナチス・ドイツの事例との重要な違いを示すものである。その上で判事は、「(アメリカの) 原爆使用を決定した政策こそが、ホロコーストに唯一比例する行為である」と論じ、原爆投下こそが無差別的破壊として、ナチスによるホロコーストに比べられる唯一のものである、としたのである。

同じ趣旨の弁論は他の弁護士も行なっている。

梅津美治郎《よしじろう》元大将と東郷茂徳《しげのり》元外相の弁護を担当したアメリカ人のベン・ブルース・ブレイクニー弁護士は、一九四六年五月一四日の弁護側反証の冒頭で、アメリカの原子爆弾投下問題を取り上げた。

「キッド提督（真珠湾で撃沈された戦艦アリゾナの艦長）の死が真珠湾攻撃による殺人罪になるならば、我々は、広島に原爆を投下した者の名ポール・ティベッツ（広島に原爆を投下したエノラ・ゲイの機長）を同じ罪状に問う人間として挙げることができる。同様に我々は、投下を計画した参謀長カール・スパーツの名を知っている。その国の元首の名前も知っている。彼らは殺人罪を意識していたか？　してはいまい。我々もしていないと思う。それは彼らの戦闘行為が正義で、敵の行為が不正義だからではない。戦争自体が犯罪ではないからである。何の罪科でいかなる証拠で戦争による犯罪が違法なのか。原爆を投下した者がいる。投下を計画し、実行を命じ、これを黙認した者がいる。その者たちが（被害者を）裁いているのだ。ならば彼らも殺人者ではないか」と発言した。

この発言が始まったとき、マッカーサー・チャーター（東京裁判条例）で定められているはずの同時通訳が停止した。現在も、日本語の速記録にはこの部分が「以下、通訳なし」と記載されている。

ブレイクニー弁護人は、一九四七年三月三日にも、原子爆弾は明らかにハーグ陸戦条約第四項が禁止する兵器であると指摘した。またイギリスのアーサー・S・コミンズ・カー検察官による「連合国がどんな武器を使用しようと本審理には何らの関係もない」との反駁に対しては、ならば日本には報復する権利がある、と主張している。

またパール判事は、一九五二年（昭和二七年）一一月に広島を訪れ、講演を行なった。彼は、「世界に告ぐ」と語りかけ、「広島、長崎に原爆が投下されたとき、どのような言い訳がされたか、何のために原爆が投じられなければならなかったか」と強い調子で訴えた。

パール判事

講演では、「いったいあの場合、アメリカには原子爆弾を投ずべき何の理由があっただろうか。日本はすでに降伏する用意ができていた。投下したアメリカから真実味のある心からの懺悔の言葉を未だに聞いたことがない」、連合国は「幾千人かの白人の軍隊を犠牲にしないため、を言い分にしているようだが、その代償として、罪のない老人や子供や女性を、あるいは一般の平均的生活を営む市民を幾万人、幾十万人殺してもいいというのだろうか」、「我々はこうした手合いと、再び人道や平和について語り合いたくはない」と極めて厳しく、アメリカの原爆投下を糾弾した。

このように、二つの国際裁判の内容はまったく相いれないものだった。さすがにホロコーストは極めて深刻かつ重大な犯罪であると断罪されたが、原子爆弾についてアメリカによる戦争犯罪であるという主張は、ついに認められなかったのである。

二つの戦争裁判、それは第二次世界大戦という一つの戦争を裁いたものである。しかしパール判事が指摘したように、それが明らかに日・独という二つの側面を持つということに気づかされる。日本はアメリカに敗れた。だがそれは日本軍がアメリカ軍に敗れたということで、日本人がアメリカ人に敗れたということではない。敗れた国の民間人が蹂躙された記憶を、私たちは忘れてはならない。

トルーマンのとんでもない人種偏見が、欧米人の闊歩してきた世界・歴史に少し見直しが必要だと教えてくれているような気がする。

GHQに没収されたデータ

「ATOMIC BOMBS, HIROSHIMA AND NAGASAKI ARTICLE 1 MEDICAL EFFECTS」(「原爆・広島と長崎・論説1・医学的影響」) という極秘文書がある。

原爆投下直後から被爆地を調査したアメリカ海軍が投下からわずか四カ月後の一二月にまとめたもので、七九ページのボリュームがある。

冒頭に「米国および日本による調査に基づき、残留放射線について十分に検討した。そして、爆発の後に残る人体への危険性は無視できる程度であると結論づけた」と記されている。

危険性は無視できる範囲……この表現自体に、またしても驚かされる。一方報告書には、米軍が現地を中心に広範囲にわたって残留放射線を測定したとされており、長崎から約八〇キロ離れた熊本でも、日本人研究者によって残留放射線が確認されているとある。明らかに矛盾した内容である。

この報告書が伝えようとしている最重要事項は、原爆投下による残留放射線の危険は少ない、とする主張である。そしてその根拠とされるのは原爆爆発時に発せられる初期放射線は地上に達することがないので、残留放射線は発生しないという説明である。

これはオッペンハイマーの見解によるものだ。「日本の原爆投下では、地面を放射線汚染から防ぎ、化学戦のような状況を引き起こさないように、そして、大きな爆発による以外の恐怖を招かないように、爆発高度を計算して設定した。原爆は地上六〇〇メートルという高い地点で爆発したため、放射性物質は成層圏まで到達し、地上に落ちてくるのは極めて少量になる。そのため、広島、長崎では人体に影響を与える残留放射線は発生しない」というのだ。

もしこの説明が正しかったとしたら、もし報告書が文字通り現実を表していたとしたら、投下後の一切の残留放射線は存在しなかったことになる。原爆症などに苦しむ人々もいなかったことになる。

少なくとも現在、まったく説得力を持たないと見えるこの説明が確たる根拠となって定着させられ、日本の科学者たちが広範に調査して収集した客観的な結果に示された事実、現実を、無いものとして事実上葬り去ったのである（原爆投下後に都築《つづき》正男東大教授が現地で収集した放射能データをGHQは没収、都築を東大から追放）。

原子爆弾のネタ本？

実は、原爆のネタ本といわれるものがある。それは一九五一年（昭和二六年）、米国防省・原子力委員会・ロスアラモス科学研究所刊の『原子兵器の効果』である。掲載されたデータの多くは、広島、長崎とその周辺での調査結果を基にしているという。以下は、その中の「空中爆発による放射線汚染」という項の記述。

「高空で空中爆発が起こると、核分裂生成物は長い間細かく分離した状態にとどまり、その間に崩壊を続けるであろう。それらの微粒子もついには地上に降りてくるだろうが、そのときには極めて広い範囲に分散しており、放射能も十分弱くなっていて、健康に対する危険という点では無視できる。めったに吹かないような風や、雨雲など特殊な気象条件によって、特定の地域に多量の放射線が沈積することはあるかもしれないが、そんなことがいつもあるとは考えられない」

この内容も、一九四五年にオッペンハイマーが述べた見解と変わっていない。グローブスは、このオッペンハイマー見解を、アメリカ政府の残留放射線に関する公式見解とした。

『原子兵器の効果』出版から二六年後の一九七七年、アメリカ国防省とエネルギー省は、原爆の影響について改めて公式見解をまとめた『The Effect of Nuclear Weapons』を出版している。この間、世界では、第五福竜丸事件などが起き、核実験が行なわれる実験場も、地上から地下へと移り変わっている。

ところが同書では、

「核兵器が地表や地下で爆発した場合は初期放射線とともに残留放射線が大量に発生するため、それを考慮する必要があるが、空中高い位置で爆発した場合には、爆発直後に放射性物質は地面に到達しないほどの高さに上昇し、その後大気中に分散していく」

と、説明は変わっていない。

一九四五年一二月発行の報告書はしばらく極秘とされてきた。一九五一年、一九七七年の出版物で主張された内容は、その後も「デタラメ」のまま生き続けてきたようだ。上空高く爆発した広島、長崎の原爆では残留放射線は発生しなかったとする見解は、いまも否定されていない。

戦後、米国による核の独占的支配は間もなく終わりを告げる。ソ連が、アメリカの後を追って核開発を推し進め、一九四九年核実験に成功して第二の核保有大国となる。ソ連は一九五〇年代には水爆実験をも成功させる。

そのソ連も、捏造したともいえる核の虚構の教科書を疑おうとしなかった。アメリカの都合で固められた理にかなわない説明を、そのまま受け入れている。もっともロシア（ソ連）にとっては、データが改竄されるなど日常茶飯事だから、アメリカが放射線量を低く見積もっていようがかまわない、ということのようだ。

一九四五年八月、戦いに敗れた日本はアメリカ軍に占領された。占領軍は日本人が原爆投下に疑問を抱かぬよう努めた。メディアもプレス・コードという報道管制に縛られ、沈黙を守った。トルーマンと米軍が犯した非人道的行為は闇に葬られた、かに見えた。

ところが、日本が独立を回復した翌年、広島、長崎の五人の被爆者が国を相手取って訴訟を起こす。「原爆裁判」である……。

第五章　女性弁護士三淵嘉子の誕生

日本初の司法試験女性合格者、という一歩

一九三八年（昭和一三年）、武藤嘉子は、現在でも難関とされる司法試験（当時は高等文官司法試験）に女性として初めて合格した。この年、武藤のほかに久米愛、田中正子が合格しており、一度に三人の女性が合格するという快挙だった。

二年前、一九三六年に弁護士法が変わり、この分野が女性にも開かれることになった。それからわずか二年で弁護士有資格の女性が誕生した。中でも田中は、前年司法試験の論述試験に合格しているが、口述試験で落とされ、この年改めて受け直し、合格している。

合格者の三人はいずれも明治大学女子部法学科の卒業生である。

戦前、日本の女性は高等教育を受ける機会を奪われていた。女性は原則、大学に入ることができなかったのである。司法試験への受験が女性にも許されることになったとき、その関門を突破するには、大学で学ぶことが必須だった。

女子の入学を認めていた大学は皆無ではなかった。少数ではあるが、高等女学校から特定の女子専門学校に進むコースは残されていた。ただ、その狭いコースから大学に進み、大学で専門的な法律教育を受けるという選択を行ない、そこで必要な教育レベルを自ら満たすことは、

事実上不可能に近かった。

女性初の司法試験合格者が三人とも明治大学女子部法学科の卒業生であったのは、まさしくそのためだった。当時、明治大学だけが、女性に専門的な法学教育を受けるチャンスを与え、女子の大学進学を可能にし、司法試験受験を実質的に可能にしていたのである。

武藤嘉子は一九二七年（昭和二年）に東京女子高等師範学校の付属高等女学校に入学し、一九三二年（昭和七年）に明治大学法学部女子部に入学、一九三五年（昭和一〇年）に明治大学に入学している。

一九三八年、日本の女性として初めて司法試験に合格した武藤嘉子は、女性初の弁護士となる資格を得た。しかし、もともと彼女が目指していたのは、弁護士ではなかった。

そのとき筆記試験に合格した彼女は、すぐ口述試験を受けることになる。口述試験の試験会場には裁判官の募集についての書類が置かれていた。書類に目を通した彼女は愕然とした。その瞬間までまったく知らされていなかったある「条項」が記載されていたからである。そこには、裁判官になれるのは「日本帝国の男子に限る」とあった。

「私はそれまで日本の男女差別についても、あるがままに認識していたというか、特に憤るということもなかったのですが、なぜ裁判官は日本帝国男子に限るのか。同じ試験を受けて、どうして女子は駄目なのかという悔しさがこみ上げてきたことが忘れられません」（「三淵嘉子講演記録」）

戦前、女性は司法科に合格しても、裁判官や検察官にはなれなかったのだ。司法科の合格者は希望すれば司法官試補採用願の願書を受け取れるが、それは男性に限られていた。そのため、新聞はみな「女弁護士誕生」と、女性弁護士を強調する大見出しで喝采したのだ。

この女性弁護士を強調する新聞報道について、嘉子は戦後の回想で「まったく当惑した」と書いている。また、合格が伝えられた読売新聞婦人欄に、嘉子は「女と法律」と題する文章を寄稿している。

「女だから学問はいらない。女だから法律など知る必要はない。この『だから』という考え方を日本の女は長い間自分自身でも、また人からも強制されてきました」

「幸運にも合格した高等試験、これで日本にもまた一つ、女の職業が増えたワケです。〝女弁護士〟になったということは、私一個の小さな問題ですが、女が弁護士になれるという制度ができたことは、大きな問題です。それは女とはあまりにも縁遠いと思われていた法律を、女の身近に置いてくれたからです」

「私にさえ得られた資格ですから私たちより後から来る多くの人々にも、必ず得られる資格です。そして長い間『男の法律』で裁かれていた『弱い女』を『女だから』知らなかった法的無知を、女自身の手で護ることのできる日の近づいたことを皆様と共に喜びたいと思います」

戦前の男尊女卑の風潮について、心の奥底では大いなる矛盾を感じていたはずの嘉子だったが持ち前の明るさと、裕福な家庭で育ったお嬢さんのおおらかさが、自然に彼女の生き方を前向きにしていたのだろう。勉強でも何でも、正面から取り組んで、最大限の努力を発揮できるという能力の持ち主でもあった。その彼女にも、世の中の壁を思い知らされるときが訪れるのである。

想像もできない壁はごく身近にあった。明治大学入学後、知人に出会い近況を尋ねられたときのこと、「明大で法律を勉強している」と答えると、驚きあきれ、挙げ句は、何という変わり者かという目で、「こわいなあ」といわれる。これには参った。以後このことは決して他人に話すまいと決心した、というのである。「日陰の道を歩いているような悔しさを覚えた」というのだが、これは間もなく、彼女にとってごく些細なこととなり、自然に乗り越えることになる。

その明治大学法学部を嘉子はトップで卒業した。総代として卒業証書を受けた、と弟の輝彦はいう。総代とは男女合わせて成績トップのことである。

結婚と家族、苦楽の日々

嘉子の父親・武藤貞雄は香川県丸亀市出身、代々丸亀藩の御殿医を務める宮武家に生まれ、武藤家に養子に入っている。貞雄も医師になると期待されたが、彼は旧制丸亀中から一高、東京帝大法学部に進み、台湾銀行に就職している。同銀行は、台湾での紙幣発行権を持ち、都市銀行としても内外に支店を構えていた。貞雄はシンガポール支店やニューヨーク支店に赴任している。

「ふつうのお嫁さんになる女にはなるな」

父・貞雄は娘にこういっている。

「男と同じように、政治でも経済でも理解できるようになれ。それには何か専門の仕事を持つための勉強をしなさい。医者になるか弁護士はどうだ」

海外赴任が長かった父は、女性も仕事を持つべきだと考えていた。ただ、血を見ると怖くなるという嘉子に、医師の選択は初めからなかっただろう。

司法試験に合格した翌年、嘉子は弁護士試補になる。一年半弁護士見習をしたのち、一九四〇年（昭和一五年）一二月、第二東京弁護士会に登録、晴れて弁護士となり、丸の内の仁井田増太郎弁護士事務所に所属する。

同年七月には、母校明治大学で民法の講師を務め始めている。

弁護士になった嘉子は二六歳になっていた。両親は心配して何度か見合いを持ちかけるが嘉子はまったく乗ってこない。本人に問い詰めると、実は意中の人がいることが分かった。それは武藤家に一時期書生として住み込んでいた和田芳夫であった。

和田は働きながら明治大学の夜間部で学び、卒業後は東京モスリン（のちの鐘紡）という紡績会社に就職していた。物静かで大人しく、活発な嘉子とは正反対である。武藤家に出入りしていた男性の中でも目立たない存在だったので、両親も驚いた。二人はまだ交際していないという。

彼の人柄の良さは貞雄も分かっている。そこで、父の貞雄は和田の住まいを訪ねる。「娘があなたのことを気に入っている」と伝え、二人は交際を始める。

和田は本当に大人しい青年だったようで、のちに嘉子は同僚に、「男の人っていざとなると意気地がないのね」と笑っている。「なかなか結婚しようっていってくれなかった」というのだ。

翌年一九四一年一一月五日、嘉子は和田芳夫と結婚した。二十八歳になっていた。嘉子は和田姓になったが、夫は妻の仕事に理解があった。二人は池袋に暮らし、嘉子は弁護士事務所や明治大学に、芳夫は紡績会社に通勤する共働き夫婦となった。

結婚後わずか一カ月というときに日本がアメリカに宣戦布告、真珠湾攻撃が行なわれ、太平洋戦争が始まった。

一九四三年（昭和一八年）一月一日には長男芳武が生まれる。和田一家は池袋から麻布笄《こうがい》町の武藤の家に移り住む。だが温かい家庭のにぎやかで幸せな日々は長くは続かない。

敗戦と日本国憲法

一九四四年に入ると、夫の芳夫に召集令状が届く。このときは、以前患った結核による肋膜炎の痕が見つかってすぐに召集解除となった。ところが六月になって、出征していた弟で武藤家長男の一郎の戦死が、戦死公報によって知らされる。沖縄へ向かう輸送船「富山丸」に乗っていた彼は、徳之島の近海で、米潜水艦の魚雷を受けて船が沈没し、死亡した。妻の嘉根と生まれて間もない娘が残された。遺骨もなく、家族は遺品を骨壺に入れて弔った。

武藤家の、いちばん頼りになる一郎の死は、父母にも家族にも大変なショックだった。

和田芳夫に一九四五年一月、再び赤紙が届く。結核を病んでいた芳夫は、診断書を取って病気と訴えることもできたはずだが、まじめで潔癖な彼にはそれができなかった。病気を隠すようにして二度目の出征をする。

夫が戦地に行き、弟も失った。東京は連夜空襲警報が鳴り響く。嘉子は一郎の妻・嘉根とお互いの幼い子供を連れて疎開を考えた。福島の坂下町、紹介してくれる知り合いがいた。畳もない藁ぶきの倉庫だったが、妻たちは農作業を手伝って食料を分けてもらい、荒れ地を耕して、サツマイモなどを育てた。

一九四五年八月一五日、戦争は終わる。終戦時、芳夫は戦地中国で病に伏していた。上海の陸軍病院に入院したが、一九四六年、他の病人とともにようやく帰国船に乗ることができた。乗船時は他の病人の世話をするほど元気だったが、船内で病状が悪化し、帰国後長崎の陸軍病院に再入院する。自宅に危篤の電報が届いて、五月二三日、芳夫は亡くなった。連絡も間に合わず、死に目にも会えなかった。

佐賀千恵美弁護士の義母で、当時明治大学で嘉子の授業を受けていた佐賀小里は、その姿に接し、あまりの憔悴ぶり、哀しみの深さに驚き、感じ入ったという。

彼女の不幸はこれにとどまらなかった。一九四七年（昭和二二年）一月には母ノブが脳溢血で急死する。同年一〇月には、父の貞雄も肝硬変で病死。母と父の葬儀を終えると、残された家族は弟三人と母子の五人になっていた。

戦争末期、明治大学女子部は明治女子専門学校となり、戦後、嘉子は専門学校の教授となったが、給料は安く、三人の弟と息子を養うにはとても足りない。悲しみは相次ぐが、負けてはいられない。自分が稼いでいくしかない。

戦中、彼女の弁護士としての活動の場は狭く、時期も短かったので、弁護士業もほとんど開店休業状態だった。その弁護士業の再開も考えなければいけないところに来ていた。だが嘉子は躊躇していた。

「弁護士は本当に困った人のための正義の味方だと思っていた。しかし、実務をやってみると、依頼者のために黒を白と言いくるめないといけないことがあった。その矛盾が、若い私にはとても耐えきれなかったのです。それで、弁護士を一生懸命やる気持ちが実はなかったのかもしれない。『本当に正しいことをはっきりさせる仕事をやりたい』と思っていました。それで、試験を受けたときの気持ちを思い出したのです」

その「気持ち」とは、一九三八年、高等文官司法試験を受けたとき、口述試験会場で、裁判官と検察官の修習生にあたる「司法官試補」採用の告示に、「日本帝国男子に限る」と書かれていたのを見た、そのときのことである。

「その告示を読んで、同じ試験に合格しながら、なぜ女性が除外されるのかという怒りが猛然と沸き起こってきた」

弁護士として、不当に差別された女性の力になることを考えていた彼女は、その告示を読んだとき自分自身もまた差別されている存在だということに気づいたのである。

戦争は、彼女の怒りを抑圧し、女性は自分の能力を内に押し込めて「銃後の妻」として振る舞わなければならない。日本の勝利のためにキャリアを投げ打って尽くした結果、夫も弟も戦争で失った。父母も他界し、温かい家庭は戻らない。国からは一言の詫びもない。

前年一一月、日本国憲法は公布されていた。そこには男女平等が謳われている。裁判官や検察官を男性に限る運用に、もはや正当性はない。

第六章　家庭裁判所の母

裁判官採用願を提出する

一九四七年三月、嘉子は霞が関の司法省を訪れ、人事課で「裁判官採用願」を提出した。採用願を受け取ったのは石田和外《かずと》人事課長。刑事裁判官から最高裁長官まで上りつめた人物で、「タカ派長官」として、司法の内外に名を轟かした。東京帝国大学出身、柔道部出身の強面《こわもて》だった。

新憲法の施行が三カ月後に迫っていた。受け取った石田も困ったのではないか。司法官の採用を男性に限定したとあっては憲法違反になる。裁判所が自ら違憲行為を犯すことは避けたい。司法省も裁判所も検察庁も、今後女性に門戸を開く手続きを整えることになるだろう。だが、そうした新しい制度化に動き出す前、調整が進まないうちに、有資格者の一人の女性が、新たな採用を求めて直訴《じきそ》に及んだのである。

石田課長は東京控訴院長だった坂野千里に相談し、対応を依頼した。坂野は東京控訴院で嘉子と面談した。

坂野は、

「裁判官の仕事は相当な知識と経験を必要とするもので、弁護士から裁判官になることは男でもずいぶん苦労するものだ」といって、裁判官になるのはもうしばらく待つよう説得した。

「女のあなたはなおさらであろうし、初めて日本に婦人の裁判官が生まれるという画期的なことは、新しい裁判所制度の下においてこそ、検討すべきだ。自分としては、あなたがいま裁判官になることには賛成できない」

坂野はさらにいった。

「器が新しくなったときに、新しい酒を酌むべきだ」

最高裁判所ができる前のことである。最高裁前身の大審院には事務を司る組織はなく、裁判官の人事は司法省が握っている。嘉子が裁判官採用願を司法省に出したのもそのためだった。坂野は器が新しくなるとき、最高裁ができるまで待ちなさい、といっているのだ。そして、いった。「しばらく司法省の民事部で勉強してみてはいかがですか」と。

六月、嘉子は「司法省嘱託」の辞令を受ける。司法省の配属先は民事部民法調査室だった。ここで彼女は民法の改正作業を手伝う。

「戦中戦後にかけて家族を食べさすことに追われ、百姓仕事に没頭していた私は、街に降りてきた山猿のように何も分からず、与えられた机の前に座って周囲の人々の目まぐるしい動きをあっけにとられて眺めている有様でした」

新しい日本国憲法は施行されたばかりだった。これまでの民法には早急な見直しが必要になり、設置されたのが民法調査室だった。明治民法では「家」という制度があって、家族はみな戸主の命令・監督に従わなければならなかった。

また妻・婚姻した女性は「無能力者」と規定された。重要な法律的行為を行なうには常に夫の同意が必要とされた。

これらの古い法律による規定はいまや明らかに憲法違反であり、すぐに取り払わなければならない。

嘉子は、民法調査室で、すでにほぼ出来上がっていた新民法の草案を読んでみた。

そこには戸主や家制度に関わる条文が削除され、妻の無能力制度も廃止された。婚姻の自由、夫婦別産制、均分相続制度などが新たに盛り込まれていた。

どれもがいまでは当たり前だが、記された内容は嘉子には驚きだった。無機質なはずの条文が光り輝いていた。新民法の草案を読んだときの感激を、彼女は生涯忘れなかった。

「女性が家の鎖から解き放たれ、自由な人間として、すっくと立ち上がったような思いがして、息をのんだものです。初めて民法の講義を聴いたとき、法律上の女性の地位のあまりにも惨めなのを知って、地団駄踏んで悔しがっただけに、何の努力もしないでこんな素晴らしい民法ができることが夢のようでもあり、また一方、あまりにも男女平等であるために、女性にとって厳しい自覚と責任が要求されるであろうに、果たして現実の日本の女性がそれに応えられるであろうかとおそれにも似た気持ちを持ったものです」

だが法案はスムーズに成立はしなかった。当時法律の作成にはＧＨＱの承認が必要だったが、ＧＨＱ法務局はあらゆる法律の改正作業に追われ、民法にまで手が回らなくなっていたのだ。このままでは新憲法が施行されても、新憲法では違反になる旧民法がそのまま残ることになってしまう。

そこで民法調査室は急遽、一〇条足らずの「民法応急措置法」を制定する。ひとまず、違反に当たる家督相続を廃止して、違反にならないよう手当てしたのである。嘉子はこの作業を担当した。

その後、法案のまま止まっていた新民法がようやく成立し、一九四八年（昭和二三年）一月から施行されることになる。

家庭裁判所誕生

最高裁判所が発足したのは、前年一九四七年八月のことである。嘉子は翌年一月に、司法省から最高裁民事局へ移り、民事局の局付となる。

局付ポストは、同期の中でも出世候補と目される有能な若手判事補が就任する。いわゆる裁判官コースである。嘉子に初めに面談し、民事部への扉を開いた東京控訴院長の坂野は、彼女をしっかり見ていたのである。

日本国憲法が施行され、最高裁判所が発足したいま、新しい裁判への一歩がしるされようとしていた。一九四八年（昭和二三年）、最高裁民事局内で、現在は家庭裁判所の範疇に入っている少年審判所と家事審判所を一緒にすべきか否かが議論されている。

その結果、「最高裁民事局は二つを一緒にした家庭裁判所の設置に賛成」で一致した。会議で反対する者はいなかった。嘉子も賛成した。「家庭」の名がつくということは、女性や子供のための裁判所ができるのではないか。

「家庭裁判所ができたら、きっと、素晴らしい時代が始まる」

一九四九年（昭和二四年）一月一日、日本に初めて家庭裁判所が作られた。全国四九カ所、沖縄を除く各都道府県庁所在地および北海道・函館、旭川、釧路。最高裁判所事務総局には司令塔となる家庭局が新設された。

最高裁判所は法務庁（旧司法省、法務府）に並んで建ち、赤煉瓦の、よく似た建物である。戦時大審院は空襲で全焼し、その建物を改修して使っていた。

「家庭局局付」となった嘉子は、正月明け、四階建て最高裁の五階に出勤した。五階というのは、屋根裏に作られた倉庫のような部屋。天井は斜めで隙間風が寒い部屋だった。

嘉子が家庭局に異動した直後の一九四九年一月一二日に、最高裁判所で全国の長官や所長が集まる会同が開かれた。三日間の日程で、議題の多くは、発足からわずか一〇日余りの家庭裁判所に関するものだった。

全国四九カ所に家庭裁判所を作るのは難事業だった。戦災による痛手は大きく、新しい建物は皆無で、ほとんどは地方裁判所の一部を使っていた。この会同で、初代家庭局長の宇田川潤四郎は、基本理念となる「家庭裁判所の五性格」を全国の長官、所長の前で発表した。

「独立的性格」従来の地方裁判所から独立した裁判所となる

「民主的性格」真に親しみのある国民の裁判所とする

「科学的性格」家事審判、少年審判とも科学的処理を推進する
「教育的性格」真摯な教育者としての自覚を持つ
「社会的性格」各種機関との緊密な連携を保つ

宇田川が掲げた理念は、戦前の裁判所とは大きくかけ離れていた。

明治憲法では「司法権ハ天皇ノ名ニ於テ法律ニ依リ裁判所之ヲ行フ」とされている。当時の裁判官の中には自分たちを「天皇に忠誠な官吏」「国家秩序の擁護に任ずる者」と考える者もいたのだ。

彼らにとっては、「親しみのある国民の裁判所」などあり得ず、司法官は「真摯な研究者」ではなかった。彼らは福祉機関や教育機関と積極的に連携することにも反対で、「裁判所は行政機関や学校ではない」という声を挙げている。

また、当時の裁判所幹部の中には、
「何で裁判所が外部の人間と一緒に仕事をしなければならないのか」
「家庭裁判所など潰してしまえ」
と公言する者もいたという。

宇田川はこうした声があることも知りながら、あえて正面から新たな裁判所像を掲げたのである。「家庭裁判所の五性格」は、特に発足後一〇年ほどの間、基本理念として繰り返し周知徹底が図られた。

駆け込み寺、家庭裁判所

家庭裁判所の前身の一つ、少年審判所は、戦前は行政機関だったため、裁判官も職員も少年への審判をほとんど経験していない。当時は参考書もなかったので、最高裁家庭局のメンバーたちが交代で全国の家庭裁判所を回って説明会を開いた。ある家庭裁判所は、職員たちがそれぞれ毛筆で新しい少年法を書き写すところから始めたという。

全国からの問い合わせも多く、慌ただしい毎日だったが、家庭局は活気にあふれていた。初期の家庭局は自由な雰囲気の中で、裁判官も事務官も雇と呼ばれる局員も職種の区別なくほとんど対等に議論をしていたという。

宇田川局長は、新しいアイデアがあると身を乗り出すようにして聞いた。かと思えば、細かい法律論になると居眠りを始める。話を広げるのは宇田川だったが、細部は課長の市川四郎が詰めた。名コンビだった。

宇田川は数多くの新しい制度を実現させている。当事者が仕事を終えてから参加できる「夜間調停」を発足させ、家事相談に応じる窓口を各地に作った。東京など大規模な家庭裁判所の中に「医務室」を作り、精神科の医師を配置して少年事件や家庭トラブルの背景を探った。発足後間もない七月、「新少年調査票」が作られた。少年の家庭環境、生活実態など四七項目にわたって細かく評価できるようになっている。

そして定期刊行の雑誌を二種類作った。雑誌を作ったのは、家庭裁判所では審判も調停も非公開で、地裁の判決文のように決定内容が公開されることもなかったためだ。人口の少ない地域の家裁では扱う事件が限られる。雑誌を作ればノウハウを共有できる。

雑誌には、裁判官、調査官、調停委員、時には少年鑑別所の職員や少年院の教官なども登場させた。座談会を開き、議論をまとめて掲載もしている。少年事件や離婚などの事例もテーマになる。関係機関で知恵を出し合い、問題を共有しようというのが狙いだった。

どれも、地裁や高裁では見られない独自の取り組みである。こうした矢継ぎ早の新制度が、天井の傾いた倉庫のような最高裁家庭局で生まれたのだ。

誕生間もない家庭裁判所には、戦争で被害を受けた人々が多数訪れた。設立時の一九四九年一月から四月末で四カ月間の統計では、「養子の許可」が二万五九〇〇件に上っている。当時は戦死した兵士の遺児を養子として引き取る事例が相次いでいた。外地で生死不明となる人も多かった。本籍を失った人も多い。「失踪宣告」「就籍」も家庭裁判所の業務範囲である。

全国の裁判所の掲示板は、戦後しばらくの間、失踪宣告の公示催告で埋め尽くされた。その多くは、戦争で生死不明になった人たちの親族が申し立てたものである。

旧民法では母親は親権者にもなれなかったが、男女同権の新民法では、子を連れていままで縛られていた夫の家を出ることができるようになった。夫と別れたい女性が、駆け込み寺の戸を叩くように家庭裁判所を頼った。離婚などによる「子の氏の変更」はわずか四カ月で二万件に上った。

終戦直後、多くの戦災孤児が街で浮浪児になっていた。

家庭裁判所に孤児たちの身柄が送られてくると、職員たちは近隣の市町村役場に問い合わせ、親や親族を探す。見つからなければ、福祉施設や補導委託先を探し、引き取ってもらった。孤児の年齢が低い場合は児童相談所に移送した。家裁の全員が、何とかして孤児たちを救おうとしていた。

家庭に光を、少年に愛を

一九四九年四月、東京家庭裁判所の建物が完成した。全国で初めての独立庁舎、木造二階建て八八〇坪、内幸町の飯野ビルの斜向かい、奇しくも戦前は海軍軍令部総長邸があった場所である。

入ってすぐの部屋は市民からの相談室である。各部屋には大きな窓が設けられ、明るい。それまで裁判所といえば、入り口に門番が立ち、室内は薄暗かった。しかも法廷に窓はなく明かりは乏しく、いつも空気が暗く重かった。こうした旧来の裁判所と大きく異なる造りは、親しみやすさを感じてもらうためだった。のちには正面玄関前にブロンズの「母子像」が設置された。戦災に遭い、母親の愛を知らない子供たちの、幸せを願う気持ちが込められている。

東京家裁の新庁舎落成に合わせて、家庭裁判所の役割を広く知らせるための「家庭裁判所普及会」が作られた。一九四九年四月には、全国で普及会の創設記念週間が企画された。

嘉子はその事務局を担当し、同じ普及会には、嘉子と同期の久米愛も選ばれている。家庭裁判所の標語が「家庭に光を、少年に愛を」に決まった。ポスター、ハンドブックが印刷され、記念週間には全国の家庭裁判所で無料相談、幻灯の映写会、市町村公民館で説明会が行なわれた。東京ではデパートでの出張相談なども行なわれた。

法務庁が編集発行する雑誌『法律の広場』に嘉子は、「愛の裁判所」のタイトルで、家裁を紹介する文章を書いている。

「家庭裁判所は『家庭に光を、少年に愛を』というモットーを持ち、冷たい厳正な、いままでの裁判所とは全然性質を異にした、新しい性格の裁判所なのです」

「家庭裁判所は、敗戦によって思想は混乱し、国民道徳はたい廃して、家庭が崩壊し、犯罪少年が激増している現代の日本において、明るい家庭の建設と犯罪少年の保護善導を目的として生まれた裁判所で、その活動はもちろん法律の定めた枠から出ることはできませんが、その目的は法律の擁護以上に、より建設的な社会的なものを持っています」

「いま、地方裁判所を『正義の裁判所』とすれば、家庭裁判所は『愛の裁判所』ということができましょう」

嘉子は、家庭裁判所を「愛の裁判所」と呼んでいる。

アメリカ視察

少し先になるが、一九五〇年（昭和二五年）五月二二日、嘉子は、日米戦争の興奮冷めやらぬアメリカに向かった。日本の法曹界を代表して先進国の家庭裁判所を視察する旅である。共に参加したのは大阪家庭裁判所の初代選任所長の稲田得三と、最高裁家庭局付だった佐藤昌彦である。

横浜から船で出発する。

長男・芳武と家族が嘉子を見送った。アメリカまで一〇日間かかった。三人はシアトルで家庭裁判所の少年部と家事部を訪ね、ニューヨークでは二六日間にわたって、家庭裁判所と保護観察所を見学した。ワシントンには一二日間滞在し、少年院やＦＢＩの鑑識部などを訪問する。さらにシカゴ、ロサンゼルス、サンフランシスコを回った。稲田と佐藤はアメリカの貨物船で八月三日に帰国したが、貨物船に女性は乗れなかったため、一人取り残され、八月二三日の帰国となった。

嘉子はアメリカで何人もの女性裁判官の活躍を見ている。ニューヨークのマンハッタンにある家庭裁判所は、比較的軽微な家庭の紛争を解決するため、試験的に設けられていた。クロス判事はこの裁判所における、一人だけの判事だった。彼女は事件の処理だけでなく庁舎の管理まで担当。さらに裁判所の諸費用を賄《まかな》うため、自ら寄付活動も行なっていた。

裁判所の中には託児所もあった。女性が子供を連れてきたとき、法廷に出ている間、子供を預けることができる。そこには寝室も食堂もある。

それは、「裁判所というより、一つの社会事業」であり、そういう「女性判事の意見を採り上げて試験的にやらせるというアメリカのやり方」に、嘉子は「驚異の目を見張った」と語っている。

帰国後間もない一九五〇年九月、嘉子はGHQ法務部の女性弁護士から連絡を受ける。日比谷富国ビルに入っているGHQ法務部を訪ねると、すでに数人の女性法律家が集まっている。同期の久米愛もいた。

メアリー・イースタリング女史は、「アメリカには女性の法律家の団体がある。日本でも女性法律家の組織を作らないか」と持ちかけた。

このとき日本にいた女性法律家は一六人、二〇代から三〇代で、みな顔見知りだった。声をかけると、在京の法律家はほぼ全員賛成し、弁護士は久米愛、裁判官は嘉子と石渡満子、それに野田愛子、検事は門上千恵子、研究者の立石芳枝などである。彼女たちは最高裁の食堂に集まって、最初の会合を持ち、規約を話し合った。もう一人の同期、中田正子は鳥取にいたため この会合には参加できなかった。

こうして、GHQに接収されていた新橋の第一ホテルで「日本婦人法律家協会」が発足した。初代会長は久米、副会長は嘉子が、書記は野田が務めた。

イースタリングは、日本婦人法律家協会を国際婦人法律家連盟（本部アメリカ）に加盟させた。この結果、国連に団体の代表が参加できる国連NGOの資格を得ることができた。

翌一九五一年（昭和二六年）、アメリカのローザリンド・ベーツ会長以下一五人の女性法律家が来日した。一行の中には、最高裁初の女性裁判官フローレンス・アレン女史もいた。来日を記念して講演や映画会などの催しが行なわれた。

日本婦人法律家協会は、現在も「日本女性法律家協会」として活動を続けている。一〇人ほどで始まった会員は、現在九〇〇人を超えている。

同じ頃、最高裁長官を囲む座談会がNHKで行なわれた。最高裁長官は二代目の田中耕太郎である。嘉子も女性法律家の代表として呼ばれていた。

田中は語った。

「女性の裁判官は女性本来の特性から見て家庭裁判所の裁判官がふさわしい」

田中のその言葉に思わず嘉子は身構えた。そしてその場で反論した。

「家庭裁判所裁判官の適性があるかどうかは個人の特性によるもので、男女の別で決められるものではありません」

田中が嘉子を、創設間もない家庭裁判所の専門家に育てようと考えていたのは分からないではない。彼女自身その仕事にやりがいを感じるし、子供や女性の役に立つという志にもかなう。

だが、後に続く後輩の女性裁判官たちのことを考えると、このまま自分が家庭裁判所への道を歩んでしまうと、女性裁判官の道筋が固められてしまうのではないかと危惧を抱いたのである。先輩の嘉子が家庭裁判所に行けば、きっと後輩の女性裁判官が次々と家庭裁判所に送り込まれることになる。お決まりのルートになってしまうのではないか。嘉子はそれを恐れたのである。その後、彼女は、

「まず法律によって事件を解決することを基本とする訴訟事件を扱う裁判官としての修業を十分に積もう」と考えた。彼女は次の異動先として、家庭裁判所を希望しなかった。

向けられた刃

一九四九年八月、嘉子は東京地方裁判所に異動した。裁判官の黒い法服に初めて袖を通す。籍は民事六部に置かれた。民事六部の裁判長は近藤完爾、博学の良識派と目されていた。左《ひだり》陪席は小林哲郎、右《みぎ》陪席が嘉子だった。二人とも実務経験の浅い判事補である。嘉子は着任早々、近藤にいわれた。

「あなたが女であるからといって特別扱いはしませんよ」

厳しく聞こえるが、嘉子は当然と受け止めた。女性であることを理由に個別の事件で特別扱いを受けたくないと考えていたのだろう。

「初めて女性裁判官を受け入れる側には女性に対するいたわりからか、例えばやくざの殺人事件や強姦事件などを女性裁判官に担当させることははばかられるという気分があって、女性裁判官は男性裁判官と同じようには扱えないと思われていた。従来の女性観からいえば無理のないことかもしれない。しかし、どんなに残酷な殺しの場面でも、また羞恥心を覚えるようなセックスの光景でもいったん職務となれば感情を乗り越えて事実を把握しなければ、一人前の裁判官ではない。私自身は当然のことと考えていたにもかかわらず、周囲がうろたえていたように思う」

　彼女はこうも記している。

「女性が職場において十分に活躍できない原因の一つに、男性側の女性への優しいいたわりからくる特別扱いがある。裁判官のみならず。検察官、弁護士の場合でも女性に対しては初期の頃は男性側が必要以上にいたわりの心遣いをし、それが女性法曹を扱い難いと思わせていたのではなかろうか」

「職場における女性に対しては、女であることに甘えるなといいたいし、また男性に対しては職場において女性を甘えさせてくれるなといいたい」

　戦前、弁護士として活動していたときには、女性は弱い立場であり、自分は女性の味方であると自負していた。それが、戦争を経て、新憲法によって形の上ではあるものの、男女は平等となった。

　だが、裁判という「男社会の現場」に入ってからは、女性に対する「いたわり」という名の特別扱いが、女性を縛りつけていると気づいた。男性からすれば善意なのかもしれないが、それこそが差別の根源なのだと嘉子は考え至っていた。さらに彼女のいら立ちは、「特別扱いを」受け入れる女性にも向いていた。

あるとき、公判を終えて洗面所に入ると、その日の裁判の当事者だった老女に、洗面台の前でカミソリの刃を向けられた。幸い嘉子はケガをすることなく、女は駆けつけた警備員に取り押さえられた。この事件に彼女は悩んだ。「やっぱり女性に裁判なんて無理じゃないのか、と思われてしまうのではないか」とひどく落ち込んだという。

その夜嘉子は、常に理解者として支えてくれた秘書課長の内藤頼博の自宅を訪ねた。内藤は、嘉子の真剣な思いを受け止めている。相手の女を責めるのでなく、当事者をそういう気持ちにさせた自分自身が、裁判官としての適性を欠くのではないかという、深刻な苦悩を彼女は訴えた。この出来事が、女性裁判官全体への評価につながりかねないと悩み、さらには自分自身裁判官としての資格があるのか、とまで思い詰めていたという。

内藤はこの日夜更けまで、「法を知る者が負う宿命」について、彼女と語り合った。

日本初の女性判事、名古屋地裁に転勤

裁判官はまず「判事補」に任命され、一〇年務めると「判事」になる。一九五二年（昭和二七年）一二月、嘉子は判事となった。同時に名古屋地方裁判所へ転勤を命じられた。裁判官と

してのキャリアは実質三年余りだったが、弁護士だった期間も算入されて一〇年とみなされたのである。

当時、東京に勤務していた男性裁判官は、通例判事になるタイミングで地方に転勤した。女性の嘉子もそれを当然と考え、家庭裁判所を希望せず、名古屋地裁民事部へと異動した。全国初の女性判事が名古屋に来ることになって、地元ではちょっとした話題になった。

交通事故の民事裁判で現場検証中に、記者からインタビューされたことがあった。講演の依頼もたびたび舞い込んだ。嘉子は一躍名古屋で、「最も有名な裁判官」となった。

初代最高裁長官、三淵忠彦

名古屋へ来て、問題は子供の世話だった。東京では実家の武藤家に芳武を預かってもらうこともできたが、名古屋へ行ったとき芳武はまだ小学生で、身の回りの世話が必要だった。そこで、郁子さんという若いお手伝いさんを頼み、住み込みで働いてもらうことになった。六畳二間の官舎に、三人暮らしとなった。

その少し前、一九四八年頃、嘉子は最高裁判所長官の三淵忠彦に呼び出されたことがある。長官との面識はない。若手の自分が名指しで最高裁長官に呼ばれることに驚いた。忠彦は嘉子の大学時代の恩師、島田鉄吉の友人だった。島田は大審院の元部長で、退官後、明治大学の教授をしていたのだ。忠彦が島田と会食していたときに、「あなたのことが話題に上った」というのである。

わざわざそのことで自分を呼んで話をしてくれたことに、嘉子は感激している。

その後、彼女は最高裁民事局長の関根小郷とともに、忠彦が書いた民法の本の改訂作業を手伝うことになった。おそらく、彼女が司法省で民法の改正作業に携わった経歴から、選ばれたのだろう。改訂版の表紙には、関根小郷とともに、「補筆」として「和田嘉子」の名が連ねられている。

最高裁判所長官の三淵忠彦は、一九五〇年二月、執務中に倒れ、七月一四日、帰らぬ人となる。嘉子が忠彦の死を知ったのは、アメリカ滞在中のことだった。

帰国後すぐ、彼女は小田原の三淵宅を訪ねている。ともに忠彦の本の補筆を行なった民事局長の関根小郷と一緒だった。

嘉子はのちに、三淵忠彦の長男乾太郎と再婚することになるが、そのきっかけとなったのは、このときの訪問だった。嘉子と三淵家の交際が深まり、特に忠彦の妻・静が嘉子を気に入ったらしい。

乾太郎は嘉子より八つ上。すらりとした長身で、英国紳士風の男盛りである。前妻との間に一男二女をもうけたが、妻に先立たれている。

第七章　原爆裁判

原爆裁判始まる

「原爆裁判」は、昭和三〇年代、原爆投下の違法性が初めて法廷で争われた国家賠償訴訟の通称名である。その資料は担当した松井康浩弁護士から日本反核法律家協会が預かり、現在は会長の大久保賢一弁護士の事務所で保管されている。

本来裁判所が保管すべきものだが、近年、全国の裁判所で裁判記録の大量廃棄が明らかになっている。この原爆裁判の記録も、判決文を除き、すべて捨てられていた。したがって原爆裁判資料の大半はもはや大久保事務所にしかないのである。

一九五三年(昭和二八年)、日本の弁護士がアメリカの裁判所で、原爆を使用したアメリカ政府を訴えようとする。しかし一九五三年は日本が独立を回復した翌年である。弁護士の多くは戦勝国で超大国となったアメリカを訴えることに消極的で、周囲の理解は得られなかった。だが、二年後の一九五五年(昭和三〇年)、広島と長崎の被爆者五人が大阪地方裁判所と東京地方裁判所で訴えを起こす。弁論準備などの手続きの後、一九六〇年(昭和三五年)二月から一九六三年(昭和三八年)三月まで、九回の口頭弁論が開かれている。

この「原爆裁判」に三淵嘉子が携わっている(嘉子は昭和三一年、名古屋地裁から東京地裁に異動した）。

残されている口頭弁論調書、その表紙には審理の日付と担当裁判官の名前が記されるが、右陪席（次席裁判官）にはすべて、「三淵嘉子」の名が記されている。裁判長と左陪席は何度か交代しているが、嘉子だけは、第一回の口頭弁論から結審に至るまで、一貫して原爆裁判を担当し続けた。

審理は八年に及んでいる。保管されている記録からは弁論準備だけで二七回、四年に及んでいる。一九六〇年（昭和三五年）からは大阪地裁の訴えも、東京地裁に併合された。質量ともに難しく、重く大きな事件だった。

この原爆裁判に関して、嘉子が語ったものは何も残されていない。彼女は、自身のしてきたこと、試みや制度、自分が外に対して語るべきことなどを折りに触れて語ってきた。饒舌ではないが、寡黙に過ごすことはむしろあまりなかった。

その彼女が、日本にとっても世界にとっても「原爆裁判」という極めて深刻な訴訟について、沈黙を貫いたのは、自分が見解を述べることで、わずかでも影響を残す可能性を恐れたのかもしれない。また裁判官が合議の秘密を語ることは固く禁じられていた、ということもあったろう。

長男の芳武さんはこれについて、「当時の報道で母が原爆裁判を担当したことは知っていますが、内容について聞いたことはなかった」という。

原爆投下後の惨状

弁護士事務所に保管された古い紙の綴りや手書きの訴状には、原爆投下による惨状や原告の受けた被害について、生々しく描写されている。

「原子爆弾投下後の惨状は数字などのよく尽すところではない。人は垂れたる皮膚を襤褸《らんる》として、屍の間を彷徨、号泣し、焦熱《しょうねつ》地獄の形容を超越して人類史上における従来の想像を絶した惨鼻なる様相を呈したのであった」

「原告は本件広島被爆当時四七歳であって、広島市中広町に家族とともに居住し、小工業を自営していた健康な男子であったが、当日の被爆のため長女（当時一六歳）三男（当時一二歳）次女（当時一〇歳）三女（当時七歳）四女（当時四歳）は爆死し、妻（当時四〇歳）および四男（当時二歳）は爆風・熱線及び放射線による特殊加害影響力によって障害を受け、原告は現在右手上膊《じょうはく》部にケロイドを残し、技能障害あり、また右腹部から左背部にわたってもケロイドあり、毎年春暖の節には化膿しまた腎臓及び肝臓障害があって、現在まったく職業につくことはできない」

原爆投下からまだ一〇年余りの、その言葉に生身のような痛みが残っている頃のことである。裁く立場の嘉子の心象風景は知る由《よし》もないが、戦争による心の傷は嘉子にも癒されぬまま残っている。日々の生活の細々とした苦労は思い出したくなくとも、忘れ去ることはできない。嘉子の夫と弟を奪ったのも戦争であった。肉親を原爆で理不尽に奪われた原告の気持ちは、最もよく嘉子が理解したところだろう。

第一回、第二回口頭弁論の裁判長は畔上《あぜがみ》英治が、第三回弁論から判決までは古関敏正が務める。左陪席は弁論準備手続を伴うので変遷が激しいが、第八回弁論から判決までは高桑昭が務めた。

裁判長の古関は、嘉子より三期上で判決時、五〇歳であった。戦後司法省調査課や最高裁民事局の二課長などを務めた。風貌からは穏やかそうな印象だが、原爆投下が国際法違反かどうかが争点になると、躊躇なく三人の国際法学者を鑑定人に選任した。原告が申請した原水爆禁止日本協議会の理事長で法政大学の安井郁教授、そして被告の国側（日本政府）が申請した京都大学の田畑茂二郎教授（横田喜三郎教授と交代）と東京大学の高野雄一教授である。

著名な国際法の研究者を三人並べたことで、古関は、自身が原告にも国にも、訴えを正面から受け止める覚悟ができていることを示した。三人の鑑定結果は一九六一年（昭和三六年）から翌年にかけて裁判所に提出された。最大の焦点である原爆投下と国際法について、安井と田畑の意見はともに、「非人道的、無差別爆撃であり国際法に違反する」であった。高野も断定を避けつつ、「国際法違反の戦闘行為とみるべき筋が強い」と述べている。

アメリカによる原爆投下は国際法違反である

ちなみに、三人の裁判官の中で一人だけ、終盤に左陪席となった高桑昭さんが、原爆裁判について発言している。前年に裁判官になったばかり、二六歳だった高桑さんは当時を振り返り、「（三淵さんは）おうようなやさしい人。私とは親子ほど年齢差がありましたが、古関さんとともに私を合議体の一員として遇してくれた」と語り、三人で合議をし、判決の方向性を決めたと明かしている（二〇二四年四月二〇日付け「中国新聞」）。ただし判決文の内容を決める話し合いで誰が何をいったかについては、触れていない。

極めて難しいのは、この裁判が持つ政治的な影響力の大きさである。もし判決が原爆投下を国際法違反と結論づけ、国に賠償を命じれば、広島と長崎の他の被爆者たちは、次々に同じような裁判を起こすだろう。被爆者援護の法律の制定を求める声も高まる可能性がある。改めて原爆を投下したアメリカの責任を問う声は高まり、国際問題ともなろう。

様々な問題、難題を抱えながら三人は判決文を書き進めた。ただ嘉子が判決文のどの部分を書いたかは分からない。しかし、第一回口頭弁論から結審まで、一貫して審理を担当した嘉子の意見がかなり反映されたことは、間違いない（巻末に「判決文」掲載）。

古関は判決後の囲み取材で、「政治的にどんな効果があるかは考えなかった。また裁判官は考えるべきではない」と語る。

「二十数年間の判事生活を通じて、今度が一番苦労した」とも語る。

また、「あなたの裁判の師は誰か」と問われて、尊敬している裁判官として、三淵忠彦を挙げた。

判決は一九六三年（昭和三八年）一二月七日午前に言い渡された。

注目される原爆投下の国際法上の評価については、

「広島市には約三三万人の一般市民が、長崎市には約二七万人の一般市民がその住居を構えていたことは明らかである。したがって、原子爆弾による襲撃が仮に軍事目標のみをその攻撃の目的としたとしても、原子爆弾の巨大な破壊力から盲目襲撃と同様の結果を生ずるものである以上、広島、長崎両市に対する無差別爆撃として、当時の国際法からみて、違法な戦闘行為であると解するのが相当である」としたのである。

政治の貧困を嘆く

判決は国内法上も国際法上も被爆者の損害賠償請求権は否定した。

だが最後に、異例の言葉が加えられた。

「人類の歴史始まって以来の大規模、かつ強力な破壊力を持つ原子爆弾の投下によって損害を被《こうむ》った国民に対して、心から同情の念を抱かない者はないであろう。戦争をまったく廃止するか少なくとも最小限に制限し、それによる惨禍を最小限にとどめることは、人類共通の希望であり、そのためにわれわれ人類は日夜努力を重ねているのである」

「国家は自らの権限と自らの責任において開始した戦争により、国民の多くの人々を死に導き、傷害を負わせ、不安な生活に追い込んだのである。しかもその被害の甚大なことはとうてい一般災害の比ではない。被告がこれに鑑み、十分な救済策を執るべきことは、多言を要しないであろう」

「しかしながら、それはもはや裁判所の職責ではなくて、立法府である国会及び行政府である内閣において果たさなければならない職責である。しかも、そういう手続によってこそ、訴訟当時者だけでなく、原爆被害者全般に対する救済策を講じることができるのであって、そこに立法及び立法に基づく行政の存在理由がある。終戦後十数年を経て、高度の経済成長をとげたわが国において、国家財政上これが不可能であることはとうてい考えられない」

「われわれは本訴訟をみるにつけ、政治の貧困を嘆かずにはおれないのである」

裁判長は最後に、「原告等の請求を棄却する」と主文を読み上げた。閉廷を告げた直後、記者たちは法廷を飛び出していった。

判決の日、嘉子は法廷にいなかった。すでに裁判は結審となっており、結審後の四月に彼女は東京地方裁判所から東京家庭裁判所へ異動となっていた。最後の日の右陪席には、審理に加わっていない後任の男性裁判官が座った。もちろん判決文には「三淵嘉子」の自筆署名が残されている。

この日の夕刊には、原爆裁判の判決が一面トップに並んだ。

「原爆投下は国際法違反、東京地裁、注目の判決」（毎日新聞）
「東京地裁『原爆訴訟』に判決、原爆投下は国際法違反」（読売新聞）
「原爆投下は国際法違反、東京地裁で判決」（朝日新聞）

各紙とも判決を高く評価した。

読売新聞は記事の見出し部分で「原爆の違法性がハッキリ裁判で打ち出されたのは世界でもはじめてのことであり、しかも被爆国の裁判所が下した点で国際的にも大きな波紋を呼ぶものとみられる」と書いており、判決がもたらす国内外への影響に言及している。

また、判決文の末尾で「政治の貧困を嘆かずにはおられない」と批判するのは極めて異例である。各紙はこの一文にも言及している。

提訴後、「原子爆弾被爆者の医療等に関する法律」が作られ、判決後には「原子爆弾被爆者に対する特別措置法」が制定される。そして一九九四年には、「被爆者援護法」が制定されている。

被爆者の認定がなお不十分という声もあるが、制度は少しずつ作られてきている。日本被団協は「この裁判は、被爆者援護施策や原水爆禁止運動が前進するための大きな役割を担った」と評価している。

原爆裁判の記録を保管している日本反核法律家協会会長の大久保賢一弁護士は、六〇年前の判決をどう評価するかと問われて、賠償を認められなかったのは残念だが、この判決がその後の国内と海外に与えた影響は大きいと指摘する。

「判決が日本の原爆被爆者行政に寄与したことは間違いありません。また国際司法裁判所で参照すべき先例として位置づけられ、一九九六年に『核兵器の使用、威嚇は、一般的に、国際法に違反する』とした判断枠組みが、東京地裁の判断枠組みと共通しており、原爆裁判の影響を見て取ることができます」（清永聡編著『三淵嘉子と家庭裁判所』）

大久保弁護士は核兵器の問題は、まさにいま世界が置かれている状況と直結しているという。

「いまだにロシアがウクライナへの侵攻で核兵器の使用をちらつかせるなど、危機は続いています。核兵器の使用が国際法に違反すると明確に述べた判決が持つ意義は、現代も失われていないと思うのです」（前掲書）

第八章　三淵嘉子の終わりなき戦い

誰にも負けない家裁のベテランに

原爆裁判を終えた嘉子は、東京家庭裁判所へ異動する。

かつて彼女は、「先輩の自分が家庭裁判所に行けばきっと次々と後輩の女性裁判官が家庭裁判所に送り込まれることになる」と恐れ、家裁への異動を拒んでいた。しかし、そういうことの起きる時期が来ていた。

このとき彼女は四八歳。裁判官として働き盛りの年齢になっている。同期の男性は次第に地裁の部統括（裁判長）になっていく。だがこの当時はまだ、女性は民事部や刑事部の部統括にはなれなかった。

嘉子が家庭裁判所へ配属された後、後輩の女性裁判官が家庭裁判所に異動する例が増えていた。

彼女がかつて覚えていた不安は的中したわけだ。「こうなったら私たちは、誰にも負けない家庭裁判所のベテラン裁判官になろう」。嘉子は周囲の女性たちとそう励まし合っている。

そしてこれ以降、彼女は退官まで家庭裁判所に腰を落ち着けることになる。

戦後の混乱は徐々に収束していった。浮浪児は街から姿を消した。一九五〇年（昭和二五年）から始まった朝鮮戦争を契機に、日本経済は回復の兆しを見せた。社会が落ち着くと、少年犯罪は一九五二年をピークに一時、減少に転じた。

ところが一九五五年頃から再び増加し始める。今度は生活のための盗みよりも粗暴犯が目立ち始める。さらにシンナーやボンド遊び、都市部を中心に社会の秩序からはみ出した「フーテン」「ヒッピー」などと呼ばれる少年たちが出没するようになっていく。

少年の刑法犯は、嘉子が東京家庭裁判所に着任した一九六三年（昭和三八年）には二二万件を超え、一九六六年（昭和四一年）には二五万件に達した。

これとは別に、若者の自動車やオートバイの所有台数が急速に伸び、いわゆる「カミナリ族」が街を走り回った。少年による交通事件も急増している。ピーク時には八〇万件を超えるに至っている。

この頃のことを嘉子は、こう振り返っている。

「少年院も補導委託先も家庭裁判所も、たくさんの少年事件に押しつぶされて、もうそれこそ破産状態だといってもいいと思うんです」

少年たちを見る社会の目も次第に厳しさを増していた。そしてその矛先が、家庭裁判所に向けられることも増えた。

殺人事件で逮捕された少年が家庭裁判所では不処分や保護観察などにとどめられていたことが分かると、国会に取り上げられ、批判の声が上がるようなこともあった。

保守派の国会議員からは、「少年法は甘やかし過ぎだ」「少年の悪質犯罪の厳罰化を」という声が強くなってくる。一九六三年（昭和三八年）九月には総理大臣の池田勇人が自民党の講演会で、少年法の対象年齢をこれまでの二〇歳未満から引き下げるべきだと発言した。総理大臣の発言によって、法務省は少年法の対象年齢引き下げの検討に本腰を入れるようになる。

おおよそこれが、家庭裁判所に戻ってきた嘉子を取り巻く当時の空気だった。

繰り返される差別発言

昭和三〇年代に入った頃から、女性の司法試験合格者は毎年一〇人を超えるようになる。昭和四〇年代には初めて三〇人を超える。その後も少しずつ女性の数は増えていった。

だが、裁判官と検察官になる女性は増えない。

日本婦人法律家協会の記録によれば、一九六八年（昭和四三年）には六人の女性が裁判官に任官したが、翌年は二人、翌々年は一人と減っていく。検察官はさらに少ない。一九六五年

（昭和四〇年）から一九七〇年（昭和四五年）までの五年間で女性はたった三人である。

これは、当時女性の任官を敬遠する風潮が当局にあったためだという。一九六三年（昭和三八年）に裁判官に任官した浅田登美子は、こう証言している。

「私たちは任官するについて『女性は歓迎されない』と聞かされていました。すなわち、当局は『女性と身体障害者はいらない』といっているというのです」

今日では考えられない差別的な言葉である。しかし似たような回想はいくらも出てくる。

女性が合議体に入ると議論しにくい、と自分の部署に来ることを拒否する裁判長や、女性が裁判官になることを民事も刑事も歓迎していなかったという声もある。嘉子は東京家庭裁判所に落ち着いた頃から、裁判所内の男女差別についてたびたび相談を受けている。

一九七〇年（昭和四五年）七月に行なわれた修習生の任官説明会で、信じられない差別発言が出る。発言の主は、当時の最高裁人事局長のYだった。

「女性の方がここにおられるのでいうが、最高裁は女性を採用しないことはないが、歓迎しないのは事実だ」

「年長者や女性に関しては、再考するように助言する。本人がどうしてもと希望すれば採用する」

Y局長は所長会同後の談話でも、平然と「女性が生理休暇、出産休暇をとるたびに男の裁判官にしわ寄せが来る。性犯罪や暴力事件に女性の裁判官が合議に入るのは困る」と話している。幹部の発言は影響力が大きく、無視するわけにはいかなかった。また、個人で対応できる問題でもなかった。

嘉子の後輩の野田愛子によれば、当時、日本婦人法律家協会の副会長だった嘉子は会長たちと話し合い、嘉子と野田が最高裁へ発言を確かめに行った。愛子はY局長の発言が掲載された新聞や週刊誌の記事を持って、人事局任用課長を訪ね、発言は事実かどうかを直接聞いている。二人よりはるかに後輩の課長は正直に、上司の言葉を認めた。

日本婦人法律家協会は「要望書」を作り、「女性に対する侮辱であるばかりか、国民の司法に対する信頼を失わせ、かつその尊厳を著しく傷つける」と抗議した。

この要望書を最高裁へ持って行ったのは、会長の久米愛と副会長の嘉子だった。二人は事務総局でY局長と直接対面し、抗議の言葉を伝えた。

三淵嘉子の涙

一九七六年（昭和五一年）には、司法研修所で事務局長のKと教官が、酒を飲んだ席で女性修習生に対し、差別発言を連発するという、女性へのエスカレートした嫌がらせ事件が発覚した。その発言は次のようなものだった。

「君が司法試験に合格してご両親はさぞ嘆いたでしょう」

「研修所を出ても裁判官や弁護士になることは考えないで、研修所にいる間はおとなしくしていて、家庭に入ってよい妻になる方がよい」

「男が命をかける司法界に女が進出するのは許せない」

どう考えても暴言と評するほかない。

K事務局長と教官はいずれも裁判官である。女性修習生の訴えを聞いた女性弁護士たちは激怒した。彼女たちは、日弁連と衆議院法務委員会に真相究明を申し入れた。要望書には、当時の女性弁護士の三分の二に当たる一〇二人が署名した。最高裁はK事務局長と教官の二名を厳重注意処分にした。

そして最高裁はこの年の一一月に、女性裁判官の寺沢光子を司法研修所の教官に就任させる人事を発表した。

この頃、嘉子は少年審判部九部に所属していた。同じ九部の担当書記官で当時一番若手だった後藤卓也は、嘉子の忘れられない審判について語っている。

「ある事件で試験観察が行なわれました。対象となった少年はこの試験観察中、よく頑張った。結果がよかったため、自力での立ち直りが可能だということで、審判で不処分の決定になりました」

「こういう場では、少年は自分の処遇がどうなるか不安に思っているんです。三淵さんはその少年に『君はもう、自分の力で立ち直ることができる。大丈夫ですよ。これから一生懸命にやりなさい』と親身になって語りかけるんです。そうすると少年も涙、三淵さんも涙、書記官の私も涙なみだです。部屋の中のみんなが泣きました。感動的な光景でした」

「三淵さんの事件にはほとんど抗告がありませんでした。それは審判や説諭を通じて少年を納得させたということだと思います」

一九七二年（昭和四七年）、嘉子は新潟家庭裁判所に異動し、女性として日本初の家庭裁判所所長となる。一九七八年（昭和五三年）からは、横浜地裁所長を務め、一九七九年（昭和五四年）に退官した。

「原爆裁判」判決文

被告　　　　　　　　国
右代表者法務大臣　賀屋興宣
被告指定代理人　　宇佐美初男
同　　　　　　　　南昇

主文
1、原告等の請求を棄却する。
2、訴訟費用は原告等の負担とする。

【事実】
第一、原告等の申立
1、被告は原告S（＊原文は実名）に対し、金三〇万円及びこれに対する昭和三〇年五月二四日より支払ずみまで年五分の割合による金員の支払をせよ。
2、被告は原告Tに対し、金二〇万円及びこれに対する昭和三〇年五月二四日より支払ずみまで年五分の割合による金員の支払をせよ。

3、被告は原告Hに対し、金二〇万円及びこれに対する昭和三〇年五月二四日より支払ずみまで年五分の割合による金員の支払をせよ。
4、被告は原告Iに対し、金二〇万円及びこれに対する昭和三〇年五月二五日より支払ずみまで年五分の割合による金員の支払をせよ。
5、被告は原告Kに対し、金二〇万円及びこれに対する昭和三〇年五月二五日より支払ずみまで年五分の割合による金員の支払をせよ。
6、訴訟費用は被告の負担とする。
との判決及び仮執行の宣言を求める。

第二、被告の申立
主文と同趣旨の判決を求める。

第三、請求の原因（＊原告の主張）
一、原子爆弾の投下とその効果
（一）昭和二〇年八月六日午前八時一五分頃、アメリカ合衆国陸軍航空隊ティベッツ大佐の操縦する爆撃機B29は、アメリカ合衆国大統領H・S・トルーマンの命令により、広島市上空においてウラン爆弾と呼ばれる爆弾を投下した。ウラン爆弾は空中で炸裂し、一条の強烈な閃光とともに激しい爆風が起り、広島市内の建物は音をたてて倒壊し、市内は塵埃に包まれて暗黒となり、いたるところ猛火に包まれた。爆心地を中心とする半径約四キロメートル以内にいた人間は、みごもれる婦女も、乳房をふくむ嬰児も全く区別なく、一瞬にして殺害された。それ以外の地域でも爆発の特殊加害力によって、身体にむごたらしい傷害を受け、或は傷痕はなくても放射線を浴びて原爆症に罹り、その結果死んでゆく者が十数年後の今日でもなおあとを絶たない。

(二) 広島市に対する爆撃後、三日を経た同月九日午前一一時二分頃、同じく米国陸軍航空隊スウェーニー少佐の操縦する爆撃機B29は、長崎市上空においてプルトニウム爆弾と呼ばれる爆弾を投下した。プルトニウム爆弾は空中で炸裂し、直径約七〇メートルの火球を生じ、次の瞬間火球は急速に拡大して地上を叩きつけ、地上の一切の物質を放射性の物質に変えながら白煙となった。これによって長崎市においても、広島市におけると同様な破壊と、平和的人民に対する残酷きわまりない殺傷が発生した。

(三) 広島市に投下されたウラン爆弾及び長崎市に投下されたプルトニウム爆弾は、当時世界の人類にその存在も名称も知られていなかったが、後に原子爆弾と呼ばれて、全世界の人々を恐怖の淵に陥れた。この原子爆弾は、ウラニウム原子、プルトニウム原子の原子核分裂によって生ずるエネルギー及びその連鎖反応によって生じたエネルギーを光、熱、放射線、爆圧等として放出させ、その量及び質の点で人類の想像を絶した破壊力を有するのみならず、直接の破壊を受けないものに対しても熱輻射線によって火災を発生させ、閃光火傷《やけど》（火焔火傷とは異なる）をもたらすものである。それは爆心地を中心に半径約四キロメートルにわたって必然的に無差別殺傷の結果をもたらし、爆風により建物を破壊し、更に放射線による原爆症を発生させて逐次死に到らしめる作用を有する。

（四）広島市及び長崎市における原子爆弾による災害のうち、当時の死傷者は、別紙第一表（＊文末に掲載）のとおりである。しかしながら、原子爆弾投下後の惨状は、よく数字の尽すところではない。人は垂れた皮膚を襤褸として屍の間を彷徨、号泣し、焦熱地獄の形容を超越して人類史上における従来の想像を絶した惨鼻な様相を呈したのであった。このように、原子爆弾の加害影響力は、旧来の高性能爆弾に比べて著しく大きく、しかも不必要な苦痛を与えることも甚だしく、その上その投下が無差別爆撃となることも必至であって、きわめて残虐な害敵手段である。

二、国際法による評価

原子爆弾の投下は、当時日本国と交戦国の関係にあった米国によってなされた戦闘行為であるが、それは当時の実定国際法（条約及び慣習法）に反する違法な戦闘行為である。

（一）①まず、セント・ペテルスブルグ宣言（一八六八年一二月一一日）は、文明の進歩に伴ってできるだけ戦争の危機は制限されなければならず、戦争における唯一の正当な目的は敵の兵力を弱めることであり、その目的を達するためにはなるべく数多くの人を戦闘の外に置き、そして戦闘外に置かれた人の苦痛を無益に増大したり落命を必然とする兵器の使用はこの目的の範囲を超えるものであって、このような兵器の使用は人道に反するものとして、締盟国相互が戦争をする場合には、軍隊又は艦隊をして四〇〇グラム以下で爆発性の、又は燃焼性の物をもって充てた発射物の使用の自由を放棄することを約している。

②次いで、一八九九年に制定されたヘーグ（＊ハーグ）陸戦条規は、陸戦法一般に関する法典であるが、その第二二条において、特に禁止するものとして、毒又は毒を施した兵器の使用、不必要な苦痛を与える兵器、投射物その他の物質の使用を挙げ、第二五条において防守せざる都市の攻撃又は砲撃を禁じ、第二六条において砲撃の際は事前通告を必要とするものとし、ま

た第二七条においては攻撃の目標は軍事目標に限るべきことを規定している。

③第二回ヘーグ平和会議において採択された特殊弾丸（通称ダムダム弾）の使用禁止宣言（一九〇七年）、ジュネーヴで採択された毒ガス等の禁止に関する議定書（一九二五年）の解釈からも、同様の結論が生ずる。

④そして、一九二三年の空戦法規案第二二条は、普通人民を威嚇し、軍事的性質を有しない私有財産を破壊し、非戦闘員を損傷することを目的とする空中爆撃を禁止している。さらに、第二四条では、空中爆撃は軍事目標に対して行なわれた場合に限り適法とされ（一、二項）、軍隊の作戦行動の直近地域にない都市、町村、住宅建物に対する爆撃を禁じ、普通人民に対し無差別爆撃の結果となる場合は爆撃を避止すべきものとし（三項）、軍隊の作戦行動の直近地域については、兵力がきわめて集中し、かつ、普通人民に与える危険と比較してみてもなお爆撃を正当とする場合に限り適法とし（四項）、以上に違反した交戦国は、身体又は財産上の損害について賠償金を支払わねばならないことを規定している（五項）。空戦法規案は実定法とはいえないが、その内容は条理国際法として、或は慣習国際法としてその効力を認めることができよう。なお、一九四八年に国際連合総会で採択された集団殺害の防止及び処罰に関する条約は、本件原子爆弾投下の後のものであるけれども、その内容は条理国際法として、それ以前

から人類の間に存在するものであって、それが後になって明文化されたにすぎない。

⑤これらの戦闘行為に関する国際法は、当時の実定国際法として、原子爆弾についても当然適用されるものである。原子爆弾は新兵器であるからこれらを直ちに適用又は準用することが文理上困難であるとしても、関係条項を含む条文全体の立法精神に従って、当該条項の適用又は準用をすべきものであって、前記各条約が原子爆弾の出現によって、事情変更を理由として、その適用を排除され、或は無効になったものとみるべきではない。仮にこれらの実定国際法がそのまま適用又は準用されないとしても、その精神は自然法ないし条理国際法としての効力を有するものといわなければならない。

（二）①原子爆弾が絶大な破壊力を有し、広島市及び長崎市に対する原子爆弾の投下によって、現実に爆心地より半径約四キロメートルの範囲では、戦闘員であると、非戦闘員であるとを問わず、無差別に殺傷するという結果をもたらしたことは、既に述べたとおりである。原子爆弾のかような効果については、米国において大統領トルーマンをはじめ、その研究及び製造に関係した人々の間では、周知の事実であった。そして、当時広島市及び長崎市は、日本国の戦力の中心地でもなければ、重要な軍事基地でもなく、また占領に対して抵抗するいわゆる防守地域でもなかった。従って、広島市及び長崎市に対する原子爆弾の投下行為は、いわゆる無差別爆撃であって、ヘーグ陸戦条規第二五条、第二六条、第二七条の明らかに定めているところに違反し、空戦法規案第二二条、第二四条にも違反することは明らかである。

②また原子爆弾の加害力による人体に与える苦痛の著しいこと及びその残虐なことは、ヘーグ陸戦条規第二三条で禁止されている毒又は毒を施した兵器の使用より甚だしいものがあり、ダムダム弾禁止宣言、毒ガス等の禁止に関する議定書の解釈からも当然違法とされるべきである。

③当時日本国は原子爆弾を有しないことはもちろんであり、その敗戦が必至であることは一般のみるところであって、それはもはや時期の問題とされていた。従って、原子爆弾の投下は日本国の戦力破砕の目的に出たものではなくて、日本の官民の闘争心を喪失させるための威嚇手段であって、米国の防衛手段に出たものでもなければ、また報復の目的に出たものでもない。このことは、当時ジェイムズ・フランク教授を委員長とする七人の科学者から成る原子力の社会的政治的意義に関する委員会が、陸軍長官に対し日本に対する原子爆弾投下に反対する勧告を行なったことからも明らかである。それとともに原子爆弾の研究及び製造計画に関与した六四名の科学者からも、同委員会の報告と同趣旨の請願書が大統領宛に提出されたが、これらの報告及び請願は無視され、原子爆弾は無警告で広島市及び長崎市に投下されたのである。

（三）被告は、原子爆弾の投下が国際法に違反するかどうか直ちに断定し難いと述べ、その理由として原子兵器の使用について実定国際法が存在しなかったことを主張し、かつ、ヘーグ陸戦条規等の条約の解釈から導き出せないと主張しているが、国際法の解釈に関する一般的原則として論理解釈は許されるのであるから、被告の主張は理由がない。日本国政府は昭和二〇年八月一〇日スイス政府を通じて米国政府に対し、別紙第三表（＊文末に掲載）の抗議文を提出している。被告の現在の見解は交戦国という立場をはなれて客観的にみた結果であるというが、それでは当時の日本国政府は正当な国際法の解釈をしなかったことになるのであろうか。原告等は、むしろ短時間のうちに国際法の真髄を捉えて（＊アメリカに対して）世紀に残る大抗議をしたことを、日本国民として名誉にさえ考えているのである。また、被告は戦争においては敵国を屈伏させるまでは、限定された明示の禁止手段以外ならば、いかなる手段でも用いることができるという見解のようであるが、それは死の商人ならぬ死の政治家の言であって、きわめて遺憾である。

三、国内法による評価

原爆投下行為は、以上に述べたように国際法に違反するものであるが、それは同時に国内法にも違反する。

（一）およそ、殺人が不法行為であることは、人類普遍の原理であって、いかなる国の法律にもとり入れられている。ただ殺人が戦闘行為として行なわれ、それが国際法上適法な戦闘行為とされた場合には、本来不法行為である殺人がその限りにおいて国内法上違法性を阻却され、不法行為責任を免れる余地があるにすぎない。国際法の適用を受ける行為については、すべて国際法によって処理され、いかなる場合にも国内法による評価が一切許されないということはあり得ない。原爆投下行為は国際法違反であるから違法性を阻却されず、従って国内法上不法行為を構成するものである。

（二）この場合、不法行為責任を負うものは、米国及び原爆投下を命じた大統領トルーマンであるが、これらに対して損害賠償を請求するためには、米国連邦地方裁判所に訴を提起しなければならない。ところで、この場合適用される準拠法は、米国国際私法によって定まるが、不法行為の場合は不法行為地であり、それが二国にまたがる場合は結果発生地の法律が適用されることは疑いない。従って準拠法は結果発生地である日本法であり、当時の日本法によれば、国家機関構成員が行なった不法行為については、国家は不法行為責任を負うとともに、構成員自らもその責任を免れ得ないことは明らかである。

(三)被告は統治行為の理論を持ち出して原爆投下行為を司法審査の対象から排除しようと試みている。なるほど宣戦布告行為などは統治行為といえるであろうが、個々の戦闘行為が統治行為となるいわれはない。いわゆる統治行為論は、統治行為が基本的人権と衝突する場合に、司法審査がここに足を踏み入れ得ないとしたものであることは、その発生史的経過から明らかである。

(四)また被告は英国法の古めかしい国王無答責の理論を持ち出しているが、このような理論が米国に継受されていないことは、米国の独立宣言をみるだけで十分であろう。仮にこの理論が適用の余地があるとしても、これには合理的な制限が付されなければならず、地球を蒸発させ人類の滅亡を可能ならしめるとさえいわれている原子爆弾の使用には、この免責理論が適用されないことは、いうまでもない。本訴は、原爆のもつ恐るべき破壊力を、冷静に正確に真面目に認識するところから、出発しなければならないのである。

四、被害者の損害賠償請求権

(一)米国の原子爆弾投下行為が国際法に違反することは、前述のとおりであるが、国際法違反の行為については、被害を受けた国家だけでなく、個人もまた国際法上の権利主体として、国際法上損害賠償請求権を有するものである。このことは、日本国との平和条約（以下「対日平和条約」という）第一九条(a)において、「日本国は、戦争から生じ、又は戦争状態が存在したためにとられた行動から生じた連合国及びその国民に対する日本国及びその国民のすべての請求権を放棄」すると規定し、日本国民個人の連合国（この場合は米国）に対する権利の存在を前提としていることからも明らかである。

（二）被告は、原告等の主張する損害賠償請求権は観念的なものであって、実現手段をもたないものであるから権利ではないと主張する。もし被告の考え方が認められるならば、戦時国際法は全面的に否定されることになるのであって、どれほど使用を禁止されている兵器を用いても、勝てば違法の追及を免れ、国際法を守っていても、敗れれば相手国の違法を追及できないということになり、従って勝つためには使用を禁止された兵器も使用せざるを得ないということを肯定する理論となる。自ら行使の手段を有しない権利は権利でないという被告の理論は、独断以外の何ものでもない。

原告等の権利は日本国によって行使されるのであって、民主国家は国民のためにあるのだから、自国の政府がこれを行使することができれば、それで十分であろう。自国の政府が国民のために働かないことを前提として、国際法上の権利を考えねばならないとするのは、あまりにも情けない理論だといわなければならない。

(三) また、被告は原告等の主張する国際法上の請求権が講和条約締結前は法律以前の状態であること、また敗戦国の側から被害者の賠償請求が実現されたことは、歴史上にその例がないこと、などを挙げて、原告等の請求権は存在しないと主張する。しかし、権利はその本質上、抽象的な存在であって、一国の法規範又は国際法規範の適用によって存在が確認されるが、その実現は或は武力により、或は経済力により、種々の力関係の支配するところであって、これによって権利の存在が左右されるものではない。

五、対日平和条約による請求権の放棄

(一) 対日平和条約第一九条(a)は、「日本国は戦争から生じ、又は戦争状態が存在したためにとられた行動から生じた連合国及びその国民に対する日本国及び日本国民のすべての請求権を放棄し」た旨を定めている。日本国はこの規定によって米国及びトルーマンに対して有していた国際法上の請求権はもちろんのこと、これらに対する国内法上の請求権をもあわせて、放棄してしまった。その結果、原告等は米国及びトルーマンに対する損害賠償請求権を法律上全く喪失したのである。

（二）被告は、日本国と日本国民とは人格が異なるから、国家が国民個人の請求権を放棄することはできないと主張する。仮に論理上そう考えられる余地があるとしても、対日平和条約第一九条(a)の規定の存在することにより、米国国内においては、条約は通常の法律と完全に同等の効力を有するものであるから、原告等の損害賠償請求権が裁判上認められることはないであろう。またこれにより、米国で訴訟を提起しようとしても、米国国内で弁護士の協力を得難く、米国世論の同調を受け難く、日本国内における協力者を得ることも、はなはだ困難である。従って、原告の提訴は事実上ほとんど不可能であり、原告等は請求権を喪失したといってもさしつかえない。

六、請求権の放棄による被告の責任

（一）およそ民主国家においては、政府は国民の権利を最大限に尊重しなければならない義務を負うものである。被告が米国と対日平和条約を締結し、その第一九条(a)の規定に基いて原告等の米国及びトルーマンに対する損害賠償請求権を放棄したことは、違法行為であって、条約の締結は公権力の行使といって妨げない。従って、これによって請求権を失い損害を被った原告等に対して、被告は国家賠償法第一条の規定により、原告等に対してその被った損害を賠償する責任を負うものである。

（二）のみならず、講和条約締結の交渉に当っては、原子爆弾の投下による損害賠償請求権は高く評価されたと考えられ、従ってこの権利は日本国の米国に対する損害賠償の一部に充てられたものと解すべきである。日本国はこの権利を放棄することによって、平和条約の他の面で利するところがあったに相違ない。たとえ、明白な表現による外交交渉がなされなかったとしても、米国の良心、世界人類の良心は必然的にこれを平和条約の差引計算に組み入れたであろうし、それ故にこそ被告は故意にこの請求権を放棄したのである。従って被告は、原告等の米国及びトルーマンに対する損害賠償請求権を放棄することによって、原告等の私有財産を一方的に公共のために用いたものというべきであって、日本国憲法第二九条第三項の規定に従い、原告等に対して正当な補償をする義務を負うものである。

（三）仮に憲法の前記規定によって直ちに、補償請求権が生ずることなく、しかも、補償に関する法律上の措置がないとの理由で、原告等に、補償請求権がないとしても、原告等は被告に対し同様の内容の損害賠償請求権を有する。すなわち、被告が対日平和条約の締結によって原告等の有する損害賠償請求権を無償で放棄したにもかかわらず、その補償措置を講ぜず、原告等の権利を侵害している。従って、これが不法行為を構成することはいうまでもないから、被告は原告等に対して損害を賠償すべき責任がある。

（四）被告は、仮に対日平和条約第一九条でこれらの請求権が放棄されたとしても、原告等は被告に対し、補償請求権を有しないと主張し、その理由として、まず原告等の請求権が法律以前の抽象的なものであって、しかも敗戦国側から講和に際して当然放棄されるべき運命にあること、従ってこれが憲法にいう財産権に該当しないこと、憲法第二九条はそれ自体で国民が国に対して具体的な補償請求権を有することを定めたものではなく、収用に関する法令に補償措置を具体的に規定する旨を命じているにすぎないことを挙げている。しかし、請求権の存在については、被告は力関係の主張をしているにすぎず、その存在自体までも左右されるものではない。また補償に関する具体的な法的措置がなされなければ、補償請求権を生じないというのも誤りである。なぜならば、私有財産の使用又は収用がなされる以前には、使用又は収用の規定とこれに対する補償措置とを不可分に規定することにより、財産権不可侵の目的を達しうるけれども、対日平和条約第一九条(a)によれば、条約締結と同時に米国に対する賠償に充当され、収用されてしまったのであるから、収用に関する法律を設ける余地はない。このように、国が一方的に国民の私有財産を公共のために用いておきながら、補償に関する法律がないからといって、その補償を拒むことができるとすれば、没収にも等しく、日本国憲法の基本理念である人権の尊重と相去ること甚だしい。
(五)また、被告は原子爆弾投下の被害者に対する慰藉《いしや》の途は他の一般の戦争被害者に対するそれとの権衡からして、国の財政状況等を勘案して決定しなければならないし、この措置を立法上、財政上講ずべきか否かは、法律問題ではなくて政治問題にほかならないから、立法上このような措置のとられない現在では、被告は原告等に対して補償又は賠償をすべき義務はない、と主張する。しかし、これまで述べてきたように、本件は日本及び米国の各国内法ならびに国際法の基礎のうえに立つものであって、決して政治問題ではない。
原告等は日本国政府が速やかに立法上、財政上の適当な措置を講ずることを希望するものであるが、これはあく迄も、被害者の国に対する権利を確認したうえでされるべきであって、根拠なき救済とは種類を異にする。原子爆弾による被害が全く人類に対する反逆といわれる最も残虐な被害であることに鑑み、これに対する、補償ないし賠償は第一位に置かるべきであり、現在国の財政はこれを不可能とするものではない。

七、原告等の損害
(一)原告Sは広島被爆当時四七才であって、広島市中広町に家族とともに居住し、小工業を自営していた健康な男子であったが、被爆により長女（当時一六才）、三男（当時一二才）、次女（当時一〇才）、三女（当時七才）、四女（当時四才）は爆死し、原告、その妻（当時四〇才）及び四男（当時二才）は爆風、熱線及び放射線によって傷害を受けた。原告は現在右手上膊部にケロイドを残して機能障碍があり、また腹部から左背部にわたってもケロイドがあり、毎年春暖の時節には化膿し、腎臓及び肝臓にも障碍があって、現在全く職に就くことができない。妻は全身倦怠感、脱力感、頭痛に悩み、四男は潜在的原爆症の症状がときどきあらわれる。このような状態のため、一家は収入の途なく、わずかに米国ホノルル在住の原告の実姉から毎月少しずつ送金、送品の援助を受けて、辛うじて生命を保っている。

（二）原告Tは被爆当時広島市皆実町に居住し、広島電鉄株式会社の社員であった夫とともに健康で幸福な生活を営んでいたところ、爆風、熱線及び放射線により、顔、肩、胸、足にむごたらしい傷害を受け、ケロイドを残し、現在も体に疼痛《とうつう》があって日雇労働も続かず、また夫は容貌の醜さを嫌って家を出たまま行方不明であるため、生活扶助を受けてはかない日々を送っている。

（三）原告Hは長崎市被爆当時五四才であって、同市城山町に家族を残し、昭和一九年五月頃より単身三菱重工業株式会社本店に勤務のため、東京都芝区白金猿町に家族と離れて居住していた。ところが被爆により、妻（当時四八才）、二女（当時二二才）、三女（当時一九才）、四女（当時一六才）、五女（当時一四才）の家族全員が爆死し、原告のみが唯一人残されるという人生最悪の悲惨な結果をみるに至った。

（四）原告Ｉは広島市被爆当時、同市幟町に家族とともに居住していたが、原告は当時妻とともに山口県佐波郡に松根油製造を営んでいた。そのため被爆により養女（当時二四才）、その夫（当時二六才）及びその長男（当時一才）の三人が爆死し、原告と妻だけが生き残り、肩書地の親族宅ではかない余生を送っている。

（五）原告Ｋは広島市被爆当時一四才で、同市皆実町で父母兄弟姉妹とともに健康な生活を営んでいたが、被爆のため爆風による家屋倒壊によって顔面に傷害を受け、左腕も負傷し、その傷痕は現在もなお残っている。また同市八丁堀の食糧公団勤務中の父（当時五〇才）はその勤務先で、母（当時四〇才）は隣組の勤労奉仕中、被爆のため爆風、熱線及び放射線によって傷害を受け、入院加療も空しく、母は翌二一年七月八日、父も同年一一月二〇日死亡するに至った。両親をなくした原告ら幼い遺族は、売り食いにその物もなくなり、生活に窮し親族に引きとられ扶養を受け、殊に妹は養女にゆくなど姉妹も分れ分れの生活をしなければならない悲惨な生活を送っている。

八、損害賠償の請求

(一)ここに原告Sは一男四女の爆死によって受けた悲痛極まる精神的苦痛に対する慰藉料、原告自身の受けた傷害に基く財産的損害及び精神的苦痛の慰藉料のうちより被告に対し金三〇万円及びこれに対する訴状送達の翌日である昭和三〇年五月二四日より支払ずみまで年五分の割合による損害金の支払を請求する。

(二)原告Tは傷害により受けた財産的損害及び名状し難い苦悩による慰藉料の合計額のうち金二〇万円及び前項と同様の損害金の支払を請求する。

(三)原告Hは、妻及び四子の爆死によって被った悲痛極まる精神的苦痛に対する慰藉料のうち金二〇万円及び第一項と同様の損害金の支払を請求する。

(四)原告Iは家族の爆死によって被った悲痛極まる精神的苦痛に対する慰藉料のうち金二〇万円及びこれに対する本件訴状送達の翌日である昭和三〇年五月二五日より支払ずみまで年五分の割合による損害金の支払を請求する。

(五)原告Kは傷害によって受けた財産的損害及び苦悩による慰藉料ならびに父母の死亡による精神的苦痛に対する慰藉料のうち金二〇万円及び前項と同様の損害金の支払を請求する。

第四、被告の答弁（＊国側の主張）

一、原子爆弾の投下とその効果

原告等の主張するとおり、広島市及び長崎市に対して米国陸軍爆撃機により、いわゆる原子爆弾が投下され、その炸裂の結果多数の人々を殺傷したことは認めるが、昭和二三年五月の経済安定本部の調査によれば、軍関係者を除く死傷者の数は別紙第二表（＊文末に掲載）のとおりである。

二、国際法による評価

原子爆弾の投下は、必ずしも国際法違反であるとは断定し難い。

（一）原子核分裂によるエネルギーを利用する害敵手段である原子兵器は、第二次世界大戦の後半に発明されたもので、それが広島市及び長崎市に対して使用されるまでは、世界人類によってまだ一般に知られていなかった。従って、当時原子兵器による害敵手段を禁止し、又は許容することを明言した条約はなく、またこの新兵器についての国際慣習法は全くなかったから、原子兵器に関する実定国際法は存在しなかったというべきであり、実定国際法違反という問題は起り得ない。原告等の挙げるヘーグ陸戦条規その他の条約は、本来原子兵器をその対象とするものではないから、これらの趣旨を拡大解釈することもできない。また空戦法規案及び集団殺害の防止及び処罰に関する条約は、原子爆弾投下当時いずれも条約として成立していないから、実定法としてその存在を認めることができず、これを国際法の法源とすることはできない。

（二）従って、原子爆弾投下が国際法に違反するか否かの問題は戦時国際法の法理に照して決定さるべきものである。由来戦争は国際法の見地からみれば、国家がその敵国を降すため、すなわち敵国をして自己の意思の前に屈服させ、自国の提案する条件を容れて和を乞う決意をさせるため、必要と認められるあらゆる手段を行使することを認められた状態である。この手段として第一に考えられることは、敵国の兵力の撃破であるけれども、敵国の戦闘継続の源泉である経済力を破壊することも、また敵国国民の間に敗北主義を醸成することも、敵国の屈服を早めるために効果があり、これらの目的を達するために必要な手段が行使される。国際法上交戦国は中世以来、時代に即した国際慣習及び条約によって一定の制約を受けつつも、戦争という特殊目的達成のため、害敵手段選択の自由を原則として認められてきた。

広島市及び長崎市に対して投下された原子爆弾は、破壊力においてまことに巨大であって、その被害の甚だしかったことはまさに有史以来のものであり、そのため非戦闘員たる日本国民に多数死傷の結果を生じたことは、まことに痛恨事とする次第である。しかしながら、広島市及び長崎市に原子爆弾の投下されたことを直接の契機として、日本国はそれ以上の抵抗をやめ、ポツダム宣言を受諾することになり、かくして連合国の意図する日本の無条件降伏の目的が達成され、第二次世界大戦は終結をみるに至ったのである。このように原子爆弾の使用は日本の降伏を早め、戦争を継続することによって生ずる交戦国双方の人命殺傷を防止する結果をもたらした。かような事情を客観的にみれば、広島長崎両市に対する原子爆弾の投下が国際法違反であるかどうかは、何人《なんぴと》も結論を下し難い。のみならず、その後も核兵器使用禁止の国際的協約はまだ成立するに至っていないから、戦時害敵手段としての原子爆弾使用の是非については、にわかに断定することはできないと考える。

（三）なお、日本政府は、原子爆弾の投下に対して、昭和二〇年八月一〇日スイス政府を通じて米国政府に対して、即時原子兵器の使用を中止すべきことを厳重に要求した公文を発し、その公文の内容は原告等の主張されるとおりである。しかし、これは当時交戦国として新型爆弾の使用が国際法の原則及び人道の根本原則に反するものであることを主張したのであって、交戦国という立場をはなれて客観的にみるならば、必ずしもそう断定することはできない。

三、国内法による評価

原爆投下行為については、国際法による評価を受けることは別として、国内法による評価を受けるものではない。

（一）戦争は主権国家間の利益紛争の解決手段であって、国家は自国ないし自国民の利益のために戦争に従事する。従って、かような戦争を構成する個々の行為の適法性はもっぱら国際法によって評価され、違法とされる行為の責任は講和条約により当事国間で合意解決されるべきであって、当事国がこれについて国内法により直接相手国民に対して損害賠償の責任に任ずるものではない。

（二）米国内法においては、司法権の限界として重要な政治権力の行使については、裁判所はその審査を拒否し、行政府の判断に委ねるべきものとしている。米国大統領トルーマンが原爆を使用したのは、戦争に勝利をおさめるため、その軍事的効果と政治的効果とをねらったものであって、裁判所がこれについて違法の判断をする限りではない。これはいわゆる統治行為理論の当然の帰結である。

（三）仮に原爆投下行為について米国国内法の適用があるとしても、米国では当時英国法における国王の無答責の原則と同様な国家免責の法理があり、連邦や州の公務員が公務執行中に私人に対して不法行為をしても、被害者は連邦、州及びその公務員に対して損害賠償を請求する権利を認められていなかった。

（四）また、原告等の主張するように、米国国際私法により日本法の不法行為が適用される余地もない。抵触法の観点からすれば、国家は事件の性質上外国法の適用が自国の利益に反するときは、その適用を拒むのが原則である。従って、法廷地法である米国法において国家及び公務員が責任を負わない以上、その範囲において法廷地法が累積的に適用されることは、抵触法上認められる原則である。

四、被害者の損害賠償請求権

原告等の米国に対する損害賠償請求権は、原子爆弾の投下が国際法違反といい難いことから、当然にこれを否定すべきであるが、仮に原告等のいうような前提をとっても、原告等は損害賠償請求権を有することにはならない。

（一）原子爆弾投下によって生じた被害について、損害を賠償しなければならないのは米国であるが、米国に対し損害賠償を請求しうる地位にあるものは、日本国であって、原告等個人ではない。何となれば、個人は原則として国際法上の主体とはなり得ないし、また一部の学説が説くように、時として個人が国際法上の主体となることがあるにしても、それは条約そのほかの国際法にその趣旨の規定があるとか、個人に国際司法裁判所に対する出訴権が認められた場合に限られる。従って、一般的に戦争に関する国際法規にそのような規定もなく、またいかなる個人も国際司法裁判所への出訴権を認められていない現在では、原告等に国際法上の権利として損害賠償請求権の発生するいわれはない。このような国際法違反の場合には、被害者の属する国が加害国に対して損害賠償請求権を行使することになるのであるが、この場合の請求権は、国が被害者個人に代って行なうのではなく、被害者の属する国自体が自らの立場でするものであって、その結果として賠償を得ても、これを被害者に分配するかどうか、またその分配額をいくらにするか等は、その国が独自に決定するのである。

(二) 仮に何らかの理由で、原告等に損害賠償請求権が生ずるとしても、この請求権は到底実現の見込のない観念的なものといわなければならない。すなわち、この請求権は国際法上のものであるから、その実現には、まず外交交渉に依りそれで話し合いがつかなければ国際司法裁判所へ出訴するという方法を講ずるべきであるが、国民個人としては外交交渉の権能はなく、国際司法裁判所への出訴権もないから、それは権利として実行さるべき手段もないし、その可能性も備えていないものといわなければならない。従って、かかる権利があるとしても、それは講和条約において相手国がこれを承認し、具体的なとりきめがなされてはじめて現実の問題となるのであって、それはむしろ講和条約そのものに由来する権利というべきであり、講和条約で具体的とりきめがされない間は、法律以前の状態である。しかも古来敗戦国より戦勝国に対して、戦勝国の国際法違反の行為から生じた損害について賠償を要求し、またそれが実現されたことは歴史上例がない。戦勝国といえども講和条約によって敗戦国から一定金額ないし一定役務の賠償を受けるほか、その余の請求は一切行なわないことが、古くからの国際慣例となっている。従って仮に原告等の主張する請求権があったとしても、講和条約とともに当然消滅すべき運命にあったものといわなくてはならない。

五、対日平和条約による請求権の放棄

対日平和条約第一九条(a)の規定によって、日本国はその国民個人の米国及びトルーマンに対する損害賠償請求権を放棄したことにはならない。

（一）国家が個人の国際法上の賠償請求権を基礎として外国と交渉するのは国家の権利であり、この権利を国家が外国との合意によって放棄できることは疑いないが、個人がその本国政府を通じないでこれとは独立して直接に賠償を求める権利は、国家の権利とは異なるから、国家が外国との条約によってどういう約束をしようと、それによって直接これに影響は及ばない。
(二) 従って対日平和条約第一九条(a)にいう「日本国民の権利」は、国民自身の請求権を基礎とする日本国の賠償請求権、すなわちいわゆる外交的保護権のみを指すものと解すべきである。日本はその国民が連合国及び連合国民に対し請求権を行使することを禁止するために、必要な立法的、行政的措置をとることを相手国との間で約束することは可能である。しかし、イタリアほか五カ国との平和条約に規定されているような請求権の消滅条項及びこれに対する補償条項は、対日平和条約には規定されていないから、このような個人の請求権まで放棄したものとはいえない。仮にこれを含む趣旨であると解されるとしても、それは放棄できないものを放棄したと記載しているにとどまり、国民自身の請求権はこれによって消滅しない。従って、仮に原告等に請求権があるものとすれば、対日平和条約により放棄されたものではないから、何ら原告等が権利を侵害されたことにはならない。

六、請求権の放棄による被告の責任

(一) 被告は国家賠償法による損害賠償責任を負う義務はない。もともと原告等の請求権は権利たるに値せず、敗戦国の側から講和に際して当然放棄さるべき宿命にあったから対日平和条約の締結は何ら権利の侵害とはならない。のみならず、たとえ平和条約の内容が国内法体系からみてこれにそぐわないものがあるとしても、条約そのものを違法とすることはできない。敗戦国にとって講和条約が憲法上の禁止条項に抵触し、又は憲法上適法な手続がとり得ないため、条約を締結することができないとすれば、講和を行なうことができなくなり、その結果戦争の遂行能力ある限り最後まで戦わなくてはならなくなる。従って、講和条約については、たとえ違憲の疑いがあるとしても、革命の場合と同様、一つの既成事実として裁判所その他の国家機関はこれを認めなければならないとされ、或は国家非常の観念から、戦時にあっては条約締結権は憲法に拘束されないとされ、或はまた国際法優位論を適用して講和条約が憲法上の諸権力に対して一つの優先力をもつものとされてきた。対日平和条約に際しても、敗戦国日本の立場は、これと異なるところはない。対日平和条約は、ポツダム宣言を受諾して無条件降伏をした日本国がその独立を回復するために、「強制されて欲した」国際的合意であるから、その内容において日本国憲法の保障する国民の権利に消長をきたす条項が規定されているとしても、これを目して違法なものと断ずることはできない。

(二) 仮に原告等にその主張するとおりの請求権があり、それが対日平和条約第一九条(a)の規定により放棄されたとしても、憲法第二九条の規定に基いて補償請求権が生ずるものではない。

憲法第二九条は国民に直ちに具体的な補償請求権を与えるものではなく、国民が国に対して具体的補償請求権を有するのは、当該事項に関する法令により、具体的な規定が設けられてはじめて可能となる。いい換えれば、憲法は国が公共のために私有財産を使用し、又は収用する場合には、これに対する補償措置を具体的に規定すべきことを命じているにすぎないのであって、憲法が直ちに国民に対して具体的請求権を与えるわけのものではない。従って、法令が補償措置を設けずに私有財産を使用し、収用しうることを定めた場合に、その法令が違憲として無効とされることはあっても、使用、収用を受けた国民の側からは、直ちに憲法の規定に基いて、国に損失補償を請求することは許されない。本件においても、原告等が条約と憲法とに基いて、直ちに補償を請求することは許されないと考える。

（三）今次の戦争において、世界人類の経験しなかった原子爆弾の炸裂のもとにおかれた人達に対して、被告は深甚の同情を惜しむものではないが、これらの人達に対する慰藉の途は、他の一般戦争被害者に対するそれとの均衡や、国家の財政状況等を勘案して、決定しなければならない。かような措置を立法上、財政上講ずべきか否かは、法律問題ではなくて政治問題である。

このことは国家が外交的保護権を行使して、相手国より賠償金を得た場合でも同様であって、それを被害者に分配するかどうか、また分配するとしてもその方法如何については、国家が独自に決定してよいのである。それは国内政治の問題、又は立法の問題とはなり得ても、被害者が当然に賠償請求権を取得するものではない。従って、立法上かかる措置のとられていない現在においては、被告は原告等に対し補償又は賠償をする義務はないし、またそれを講じていないからといって、これを直ちに民法上の不法行為とすることはできない。

七、原告等の損害
原告等の被害状況及びこれによって被った損害については知らない。

【証拠】
一、原告等
鑑定人安井郁の鑑定の結果。
乙号各証の成立を認める。

二、被告

乙第一号証（田畑茂二郎鑑定書）第二号証（高野雄一鑑定書）第三、四号証、第五号証（高野雄一鑑定書）及び第六号証

鑑定人田畑茂二郎の鑑定の結果。

（以下、鑑定人田畑茂二郎の鑑定の結果及び乙第一号証を田畑茂二郎の鑑定と呼び、乙第二号証及び乙第五号証を高野雄一の鑑定と呼ぶ。）

【理由】（＊判決）

一、原子爆弾の投下とその効果

（一）次の事実は、当事者間に争いがない。

昭和二〇年八月六日午前八時一五分頃、米国陸軍航空隊ティベッツ大佐の操縦する爆撃機B29が、米国大統領H・S・トルーマンの命令により広島市上空でウラン爆弾を投下し、同月九日午前一一時二分頃、米国陸軍航空隊スウェーニー少佐の操縦する爆撃機B29が、トルーマンの命令により長崎市上空でプルトニウム爆弾を投下した。これらの爆弾（以下「原子爆弾」という。）は空中で炸裂し、閃光とともに激しい爆風が起り、広島市においても、長崎市においても、市内のほとんどの建物は倒壊し、同時にいたるところで火災が発生し、爆心地から半径

四キロメートルの範囲内にいた人々は老若男女の区別なく一瞬にして殺害された。そして、それ以外の地域にいた人々も、或は閃光によって皮膚に火傷を負い、或は放射線を浴びていわゆる原爆症に罹ったものが多数に及び、軍関係者を除いて広島市においては少なくとも死者七万人以上、負傷者五万人以上、長崎市においては死者二万人以上、負傷者四万人以上を出すに至った。

（二）それでは原子爆弾の爆発とはいかなるものか。この点については、理論上も疑問の余地なく解明されているし、多くの実験の結果もあり、これらは科学者の手によって何人も容易に利用できる資料にまとめられている。そこで以下サミュエル・グラストン「核兵器の効果」（米国原子力委員会刊行）（邦訳「原子力ハンドブック爆弾篇」）によって、簡単にその原理を述べる。

ウラン235又はプルトニウム239の原子核内に自由な中性子が入ると、その原子核が二つに分裂するが、その際多量のエネルギーが放出される。そして同時に、その核分裂反応によって二個以上の中性子が放出され、この放出された中性子は次のウラン235又はプルトニウム239の原子核内に入り、その核分裂反応を起す。この二回目の核分裂によって放出された中性子は同じようにして次の反応を起し、原子核が多量にあるならば、核分裂反応は連鎖的に生じてゆく。その際放出された中性子の一部は外に逃げ出したり、核分裂でない原子核反応で失われたりするが、その損失はウラン235又はプルトニウム239の量を増すことによってまた周囲に反射体を置いて中性子を反射させることによって、相対的に減らすことができるので、ウラン235又はプルトニウム239の量を臨界量以上にすることによって核分裂反応は連鎖的に発生しエネルギーが蓄積されて、ついに爆発が生ずる。爆発に至るまでの時間はきわめて短時間であり、その際放出されるエネルギーは莫大なものであって、一ポンドのウラン235又はプルトニウム239が完全に核分裂を起すと、一秒よりもはるかに短い時間内にTNT爆弾九〇〇〇トンの爆発に相当するエネルギーが発生する。広島、長崎に投下された原子爆弾は、TNT爆弾二〇〇〇〇トンと同量のエネルギーを放出するものであったが、現在ではメガトン級の発生エネルギーをもつはるかに強力な兵器が出現している。

(三) 次に、原子爆弾の爆発によって生ずる効果を、前記著書に従って略述する。

第一の効果は爆風によるものである。原子爆弾が空中で爆発すると、直ちに非常な高温、高圧のガスより成る火の玉が生じ、周囲の空気をまきこみながら上昇する。火の玉からは直ちに高温高圧の空気の波(衝撃波)が外側に押し出され、急速に四方にひろがり、地表に達すると、地上の建物その他の建造物をあたかも地震と台風とが同時に発生したのと同様な状態で破壊し去る。その影響の及ぼす範囲も広汎であって、長崎では爆心地より一・四マイル以内の家屋は瓦壊し、一・六マイル以内でもかなりひどい被害を受け、一・七マイルの地点でも屋根や壁に損傷を受けた。

第二の効果は熱線によるものである。原子爆弾の空中爆発によって火の玉がつくられると、高温の熱と光から成る熱線を放射しはじめる。熱線は可視光線、赤外線のみならず、紫外線をも含み、光と同じ速度で地表に達すると、地上の燃え易い物には火災を発生させ、人の皮膚に火傷を起させ、状況によっては人を死に導く。広島と長崎とでは、死亡者の二〇ないし三〇パーセントは火傷によるものと推定され、長崎では爆心地より二・五マイル離れた地点で熱線による火傷が記録されている。

通常の高性能爆弾（TNT爆弾）の効果が主として爆風による破壊であるのに対して、原子爆弾は熱線による火災ないし火傷の効果をあわせもつ点において、兵器としての特異性を有する。

第三の、そして最も特異な効果は、初期核放射線と残留核放射能とによるものである。原子爆弾の爆発後一分以内に放射される放射線は、中性子、ガンマ線、アルファ粒子及びベータ粒子より成り、初期核放射線と呼ばれる。そのうちガンマ線と中性子とは長距離の飛程を有し、これが人体に当るとその細胞を破壊し又は損傷を加え、放射線障害を生ぜしめて原子病（原爆症）を発生させる。原子病は人間の全身を衰弱させ、数時間後ないし数週間後に人を死亡させる病気であって、幸いにして生命をとりとめてもその回復には長期間を必要とする。その他放射線の照射によって、白血病、白内障、子供の発育不良等を生じさせ、その他身体の諸器官に種々の有害な影響を与え、遺伝的にも悪影響を生じさせる。

次に爆発してから一分以後に、主として爆弾の残片から放射される放射線は、残留核放射線と呼ばれるが、これらの残片は微粒となって大気中に広く拡がり、水滴に付着して放射性の雨を降らせ、或はいわゆる死の灰となって地上に舞いおりる。この放射線の人体に及ぼす効果は、ほぼ初期核放射線と同様である。

（四）このように、原子爆弾は、広島、長崎に投下された小規模のものであっても、わずか一発の爆弾によって、二〇〇〇〇トンのＴＮＴ爆弾に相当するエネルギーを放出し、その爆風による破壊力と殺傷効果は、従来の爆弾とはとうてい比較にならぬほど著しいものがある。しかも、爆風による破壊力は、原子爆弾の性能の一部（エネルギーの約五〇パーセント）にすぎないものであって、熱線（エネルギーの約三五パーセント）による焼夷効果と殺傷効果はＴＮＴ爆弾にみられない特異なものがあり、広島と長崎とにおける死亡者の二〇パーセントないし三

○パーセントが火傷によるものとされる点にその強烈な力を知ることができる。しかしながら、それにもましてわれわれに恐怖の念を起させるのは、原子爆弾によって生ずる放射線ないし放射能であって、それによって起る原子病、白血病その他各様の身体障害の恐ろしさは、既にわれわれが見聞しているところである。

このように破壊力、殺傷力において、従来の兵器よりはるかに大きいだけでなく、人体に種々の苦痛ないし悪影響をもたらす点において、原子爆弾は従来のあらゆる兵器と異なる特質を有するものであり、まさに残虐な兵器であるといわなければならない。

二、国際法による評価

（一）このような性質と効果を具有する原子爆弾が、いわゆる核兵器として、国際法上許される兵器であるかどうかは、国際法上重要なそしてきわめて困難な問題であることに疑いはない。しかしながら、本件においては、米国が広島市及び長崎市へ原子爆弾を投下した行為が、当時の実定国際法によって違法とされるかどうかが争点なのであるから、この点に限局して考察すればそれで十分である。

（二）まず、前記原子爆弾投下行為が実定国際法上いかなる評価を受けるかを判断する前提として、一九世紀後半より近代諸国家間において、戦争、とりわけ、戦闘行為に関して、どのような国際法が存在したかという点から考察をはじめる。

本件に関係のあるものを、年代順に列挙すれば、次のとおりである。

一八六八年－四〇〇グラム以下の炸裂爆弾及び焼夷弾の禁止に関するセント・ペテルスブルグ宣言。

一八九九年－第一次ヘーグ平和会議において成立した陸戦の法規及び慣例に関する条約、ならびにその付属書である陸戦の法規慣例に関する規則（いわゆる陸戦条規）。

炸裂性の弾丸に関する宣言（いわゆるダムダム弾禁止宣言）。

空中の気球から投下される投射物に関する宣言（いわゆる空爆禁止宣言）。

窒息性又は有毒性のガスを撒布する投射物に関する宣言（いわゆる毒ガス禁止宣言）。

一九〇七年－第二次ヘーグ平和会議で成立した陸戦の法規及び慣例に関する条約（第一回ヘーグ平和会議の同名の条約を補修したもの）。

空爆禁止宣言（＊飛行機による爆撃）。

一九二二年－潜水艦及び毒ガスに関する五国条約。

一九二三年－空戦に関する規則案（空戦法規案）。

一九二五年－窒息性、毒性又はその他のガス及び細菌学的戦争方法を戦争に使用することを禁止する議定書（毒ガス等の禁止に関する議定書）。

（三）以上に掲げた諸法規をみると、第二次世界大戦中に出現した新兵器である原子爆弾の投下について、直接には何の規定も設けていない。

被告はこの点をとらえて、原子爆弾の使用については、当時それを禁止する慣習国際法規も条約も存在しないし、国際法規で明らかに禁止していないから、この意味で実定国際法違反の問題は起り得ないと主張する。

もとより、国際法が禁止していない限り、新兵器の使用が合法であることは当然である。しかしながら、そこにいう禁止とは、直接禁止する旨の明文のある場合だけを指すものではなく、既存の国際法規（慣習国際法と条約）の解釈及び類推適用からして、当然禁止されているとみられる場合を含むと考えられる。さらに、それらの実定国際法規の基礎となっている国際法の諸原則に照してみて、これに反するものと認められる場合をも含むと解さなければならない。けだし、国際法の解釈も、国内法におけると同様に、単に文理解釈だけに限定されるいわれはないからである。（安井郁、田畑茂二郎、高野雄一の各鑑定参照－＊本書では鑑定書は割愛）

（四）また新兵器は常に国際法の規律の対象とはならないという議論もあるが、これについても前同様十分な根拠がない。文明国の慣例に反し、国際法の諸原則に反するものは、たとえ法規に明文がなくても、禁止されるべきことは当然であって、ただ成文法規に何ら規定もなく、そして国際法の原則にも違反しない場合に、新兵器は適法な交戦手段として、これを利用しうるにすぎないのである。

これに対して、新兵器の発明及びその使用については常に各方面から多くの反対があるにもかかわらず、間もなく、進歩した兵器の一つとされ、その使用を禁ずることが全く無意味となり、文明の進歩とともにむしろ有効な害敵手段とされるに至っているのが歴史上の示すところであって、原子爆弾もまたこの例にもれない、と論ずる者がある。過去において新兵器の出現に際し、さまざまの利害関係から反対が唱えられたにもかかわらず、或は国際法が未発達の状態にあったがために、或は敵国人や異教徒に対して敵がい心が強かったために、或は一般兵器の進歩が漸進的であったがために、その後文明の進歩と科学技術の発達によって適法とされるに至った事例のあることは、まさに否定することができない。しかし、常にそうであったといえないことは、前記のダムダム弾、毒ガスの使用を禁止する条約の存在を想起すれば明らかである。従って、単に新兵器であるというだけで適法なものとすることはできず、やはり実定国際法上の検討にさらされる必要のあることは当然である。

（五）そこで次に、原子爆弾の投下行為について、これに関連する当時の実定国際法規を検討してみる。

まず、原子爆弾の投下行為は、軍用航空機による戦闘行為としての爆撃であるから、それが従来認められている空襲に関する法規によって是認されるかどうかが問題となる。

空襲に関して一般的な条約は成立していないが、国際法上戦闘行為について一般に承認されている慣習法によれば、陸軍による砲撃については、防守都市と無防守都市とを区別し、また海軍による砲撃については、防守地域と無防守地域とを区別している。そして、防守都市・防守地域に対しては無差別砲撃が許されているが、無防守都市・無防守地域においては戦闘員及び軍事施設（軍事目標）に対してのみ砲撃が許され、非戦闘員及び非軍事施設（非軍事目標）に対する砲撃は許されず、これに反すれば当然違法な戦闘行為となるとされている。（田畑茂二郎の鑑定参照）。この原則は、ヘーグ陸戦規則第二五条で、「防守サレサル都市、村落、住宅又ハ建物ハ、如何ナル手段ニ依ルモ、之ヲ攻撃又ハ砲撃スルコトヲ得ス。」と規定し、一九〇七年のヘーグ平和会議で採択された「戦時海軍力をもってする砲撃に関する条約」では、その第一条において、「防守セラレサル港、都市、村落、住宅又ハ建物ハ、海軍力ヲ以テ之ヲ砲撃スルコトヲ得ス。（以下略）」と規定し、第二条において「右禁止中ニハ、軍事上ノ工作物、陸海軍建設物、兵器又ハ軍用材料ノ貯蔵所、敵ノ艦隊又ハ軍隊ノ用ニ供セラルヘキ工場及設備並港内ニ在ル軍艦ヲ包含セサルモノトス。（以下略）」と規定していることからみて明らかである。
（六）ところで空戦に関しては「空戦に関する規則案」があり、第二四条において「1、空中爆撃は、軍事的目標、すなわち、その破壊又は毀損が明らかに軍事的利益を交戦者に与えるような目標に対して行なわれた限り、適法とする。2、右の爆撃はもっぱら次の目標、すなわち軍隊、軍事工作物、軍事建設物又は軍事貯蔵所、兵器弾薬又は明らかに軍需品の製造に従事する工場であって重要で公知の中枢を構成するもの、軍事上の目的に使用される交通線又は運輸線に対して行なわれた場合にかぎり適法とする。陸上軍隊の作戦行動の直近地域でない都市、町村、住宅又は建物の爆撃は禁止する。3、第二項に掲げた目標が普通人民に対して無差別の爆撃をなすのでなければ爆撃することができない位置にある場合には、航空機は爆撃を避止することが必要である。4、陸上軍隊の作戦行動の直近地域においては、都市、町村、住宅又は建物の爆撃は、兵力の集中が重大であって、爆撃により普通人民に与える危険を考慮してもなお爆撃を正当とするのに十分であると推定する理由がある場合に限り適法とする。（以下略）」と規定し、また第二二条では「普通人民を威嚇し、軍事的性質を有しない私有財産を破壊しもしくは毀損し、又は非戦闘員を損傷することを目的とする空中爆撃は、禁止する。」と規定している。すなわち、この空戦法規案は、まず無益な爆撃を禁止し、軍事目標主義を規定するとともに、陸上軍隊の作戦行動の直近地域とそうでない地域とを区別して、前者に対しては無差別爆撃を認めるが、後者に対しては軍事目標の爆撃のみを許すものとしている。これらの規定は、陸軍及び海軍による砲撃の場合と比較して、厳格にすぎるような表現がとられているが、その意味するところは、防守都市（地域）と無防守都市（地域）の区別と同様であると考えられている。ところで、空戦法規案はまだ条約として発効していないから、これを直ちに実定法ということはできないとはいえ、国際法学者の間では空戦に関して権威のあるものと評価されており、この法規の趣旨を軍隊の行動の規範としている国もあり、基本的な規定はすべて当時の国際法規及び慣例に一貫して従っている。それ故、そこに規定されている無防守都市に対する無差別爆撃の禁止、軍事目標の原則は、それが陸戦及び海戦における原則と共通している点からみても、これを慣習国際法であるといって妨げないであろう。なお、陸戦、海戦、空戦の区別は、戦闘の行なわれる場所とその目的によってなされるのであるから、地上都市に対する爆撃については、それが陸上であるということから、陸戦に関する法規が類推適用されるという議論も、十分に成立し得ると考える。

（七）それでは、防守都市と無防守都市との区別は何か。一般に、防守都市とは地上兵力による占領の企図に対し抵抗しつつある都市をいうのであって、単に防衛施設や軍隊が存在しても、戦場から遠く離れ、敵の占領の危険が迫っていない都市は、これを無差別に砲撃しなければならない軍事的必要はないから、防守都市ということはできず、この場合は軍事目標に対する砲爆撃が許されるにすぎない。これに反して、敵の占領の企図に対して抵抗する都市に対しては、軍事目標と非軍事目標とを区別する攻撃では、軍事上の効果が少なく、所期の目的を達することができないから、軍事上の必要上無差別砲撃が認められているのである。このように、無防守都市に対しては無差別爆撃は許されず、ただ軍事目標の爆撃しか許されないのが従来一般に認められた空襲に関する国際法上の原則であるということができる。(田畑茂二郎、高野雄一の鑑定参照)

もちろん、軍事目標を爆撃するに際して、それに伴って非軍事目標が破壊されたり、非戦闘員が殺傷されることは当然予想されうることであり、それが軍事目標に対する爆撃に伴うやむを得ない結果である場合は、違法ではない。しかしながら、無防守都市において非軍事目標を直接対象とした爆撃や、軍事目標と非軍事目標の区別をせずに行なう爆撃(いわゆる盲目爆撃)は、前記の原則に照し許されないものということになる。(田畑茂二郎の鑑定参照)

ところで、原子爆弾の加害力と破壊力の著しいことは、既に述べたとおりであって、広島、長崎に投下された小規模のものであっても、従来のＴＮＴ爆弾二〇〇〇〇トンに相当するエネルギーを放出する。このような破壊力をもつ原子爆弾が一度爆発すれば、軍事目標と非軍事目標との区別はおろか、中程度の規模の都市の一つが全滅するとほぼ同様の結果となることは明らかである。従って防守都市に対してはともかく、無防守都市に対する原子爆弾の投下行為は、盲目爆撃と同視すべきものであって、当時の国際法に違反する戦闘行為であるといわなければならない。

（八）広島市及び長崎市が当時地上兵力による占領の企図に対して抵抗していた都市でないことは、公知の事実である。また両市とも空襲に対して高射砲などで防衛され、軍事施設があったからといって、敵の占領の危険が迫っていない都市である以上、防守都市に該当しないことは、既に述べたところから明らかである。さらに両市に軍隊、軍事施設、軍需工場等いわゆる軍事目標があったにせよ、広島市には約三三万人の一般市民が、長崎市には約二七万人の一般市民がその住居を構えていたことは明らかである。従って、原子爆弾による爆撃が仮に軍事目標のみをその攻撃の目的としたとしても、原子爆弾が巨大な破壊力から盲目爆撃と同様な結果を生ずるものである以上、広島、長崎両市に対する原子爆弾による爆撃は、無防守都市に対する無差別爆撃として、当時の国際法からみて、違法な戦闘行為であると解するのが相当である。

（九）以上の結論に対しては、当時の戦争はいわゆる総力戦であって、戦闘員と非戦闘員との区別、軍事目標と非軍事目標との区別が困難であること、第二次世界大戦では必ずしも軍事目標主義がそのまま貫かれなかったことを理由とする反対論がある。

軍事目標の概念は、前記諸条約により、種々の表現によって規定されているが、その内容は必ずしも固定したものではなく、時代の変化に伴って変遷し、総力戦の形態のもとではその範囲が次第に広まってゆくことは否定し難い。しかし、それだからといって、軍事目標と非軍事目標との区別が全くなくなったということはできない。例えば、学校、教会、寺院、神社、病院、民家は、いかに総力戦の下でも、軍事目標とはいえないであろう。もし総力戦という概念を、交戦国に属するすべての人民は戦闘員に等しく、またすべての生産手段は害敵手段であるというように理解するならば、相手国のすべての人民と物件を破壊する必要が生じ、従って軍事目標と非軍事目標の区別などは無意味となる。しかし、近時に至って、総力戦ということが唱えられたのは、戦争の勝敗が単に軍隊や兵器だけによって決まるのではなくて、交戦国におけるその他の要因、すなわちエネルギー源、原料、工業生産力、食糧、貿易等の主として経済的な要因や、人口、労働力等の人的要因が戦争方法と戦力を大きく規制する事実を指摘する趣旨であって、前記のような漠然とした意味で唱えられているものではないし、また実際にそのような事態が生じた例もない。従って総力戦であるからといって、直ちに軍事目標と非軍事目標の区別がなくなったというのは誤りである。（田畑茂二郎、高野雄一の鑑定参照）

（十）第二次世界大戦中、比較的狭い地域に軍需工場や軍事施設が集中していて、空襲に対する防禦設備もきわめて強固であった地域に対しては、個々の軍事目標を確認して攻撃することが不可能であったため、軍事目標の集中している地域全体に対して爆撃が行なわれたことがあり、これを適法なものとする説もある。

このような爆撃は目標区域爆撃と呼ばれ、軍事的利益又はその必要が大きいのに比べて、非軍事目標の破壊の割合が小さいので、たとえ軍事目標主義の枠からはみ出ていても、これを合法視する余地がないとはいえないであろう。しかしながら、広島、長崎市がこのような軍事目標の集中している地域といえないことは明らかであるから、これについて目標区域爆撃の法理を適用することはできない。

（十一）のみならず、広島、長崎両市に対する原子爆弾の投下は、戦争に際して不要な苦痛を与えるもの非人道的なものは、害敵手段として禁止される、という国際法上の原則にも違反すると考えられる。（田畑茂二郎の鑑定参照）

この点を論ずる場合、原子爆弾がその性能の非人道性において従来の兵器と異なる特質を有するから当然に許されない、というような安易な類推が許されないことはいうまでもない。なぜならば、戦争に関する国際法は、人道的感情によってのみ成立しているのではなく、軍事的必要性有効性と人道的感情との双方を基礎とし、その二つの要素の調和の上に成立しているからである。この点について学説は、その典型として一八六八年のセント・ペテルスブルグ宣言において爆発性の投射物、燃焼物又は発火性の物質を充填した投射物で、重量四〇〇グラム以下のものを使用することを禁止した規定を挙げ、その理由として次のように説明する。すなわち、このような投射物は小さいため、将兵一人の殺傷程度の力しかないが、それならば普通の銃弾でこと足りるのであって、それ以上に何の利益もないのに非人道的な物を敢て使用する必要がなく、その反面、非人道的な結果が大きくとも、軍事的効果が著しければ、それは必ずしも国際法上禁止されるものとはならないとしている。

この意味で問題となるのは、原子爆弾の投下がヘーグ陸戦規則第二三条(a)で禁止している「毒又ハ毒ヲ施シタル兵器ヲ使用スルコト」に該当するかどうか、一八九九年の「窒息セシムヘキ瓦斯又ハ有毒質ノ瓦斯ヲ撒布スルヲ唯一ノ目的トスル投射物ノ使用ヲ各自ニ禁止スル宣言」、一九二五年の「窒息性、有毒又はその他のガス、細菌学的戦争方法を戦争に使用することを禁止する議定書」の各禁止規定に該当するかどうかである。これについては、毒、毒ガス、細菌等と原子爆弾との差異をめぐって、国際法学者の間にもまだ定説がない。しかしながら、セント・ペテルスブルグ宣言は「（前略）既ニ戦闘外ニ置カレタル人ノ苦痛ヲ無益ニ増大シ又ハソノ落命ヲ必然的ニスル兵器ノ使用ハコノ目的ノ範囲ヲ超ユルコトヲ惟《オモ》ヒ、此ノ如キ兵器ノ使用ハ此ノ如クシテ人道ニ反スルコトヲ惟ヒ（後略）」と宣《の》べ、ヘーグ陸戦規則第二三条(e)では、「不必要ノ苦痛ヲ与フヘキ兵器、投射物又ハ其ノ他ノ物質ヲ使用スルコト」を禁止していることからみて、毒、毒ガス、細菌以外にも、少なくともそれと同等或はそれ以上の苦痛を与える害敵手段は、国際法上その使用を禁止されているとみて差支えあるまい。原子爆弾の破壊力は巨大であるが、それが当時において果して軍事上適切な効果のあるものかどうか、またその必要があったかどうかは疑わしいし、広島、長崎両市に対する原子爆弾の投下により、多数の市民の生命が失われ、生き残った者でも、放射線の影響により一八年後の現在においてすら、生命をおびやかされている者のあることは、まことに悲しむべき現実である。この意味において、原子爆弾のもたらす苦痛は、毒、毒ガス以上のものといっても過言ではなく、このような残虐な爆弾を投下した行為は、不必要な苦痛を与えてはならないという戦争法の基本原則に違反しているということができよう。

三、国内法による評価

以上詳細に述べたように、広島長崎両市に対する原子爆弾の投下行為は、国際法に違反するものであるが、それは同時に日米両国の国内法違反になるかどうかが次に問題となる。

(一)まず、我が国についてみれば、原子爆弾の投下された当時における大日本帝国憲法は、国際法が国内法においていかなる効力を有するかについて、明文の規定をもたなかった。しかし、慣習国際法は国内においても効力をもつとされており、条約も公布によって国内法としての効力を有すると解されていた。従って、原子爆弾投下行為が国際法違反である以上、国内法においても不法行為であると解する余地は十分考えられる。

(二)また、米国においては合衆国憲法第六条第二項により条約は国の最高の法としての効力をもつことが明らかであって、慣習国際法についても、それは国法の一部であるとされている(田畑茂二郎鑑定参照)。そうだとすれば、国際法違反の行為は、同時に国内法違反となる可能性が十分あり得ると考えられる。

(三)しかしながら、原子爆弾投下行為が日米両国の国内法に違反するかどうかをこれ以上抽象的に考察することは、余り意味がない。なぜならば、国内法違反の行為があるということと、その違反の責任を何人かに負わせることができるか、その責任を追及するためにどの裁判所に訴を提起することができるかということとは、切り離して考えなければならない別個の問題である。そしてこれらの点を考察してはじめて問題は具体的に解決されるからである。この点については、後に国際法違反行為に対する責任についてこれを論ずる際に、あわせて触れることとする。

四、被害者の損害賠償請求権

（一）交戦国が国際法上違法な戦闘行為によって相手国に損害を加えた場合には、その損害を相手国に対して賠償しなければならないことは、国際法上確立された原則である。

広島市及び長崎市に対する原子爆弾の投下は、米国陸軍航空機によって行なわれた正規の戦闘行為であり、それによって日本国が損害を被ったことは公知の事実であるから、日本国が国際法上米国に対して損害賠償請求権を有することは、いうまでもない。

しかしながら、このような場合において、その行為を命令した者は個人としてその責任を負うものではなく、従って、原子爆弾の投下を命じた米国大統領トルーマンに対しては、国際法上損害賠償を請求することができないと解される。けだし、国家機関として行なった行為に対しては、国家が直接に責任を負わなければならず、その地位にあった者は、個人責任を負わないとするのが国際法上の原則であるからである。

（二）それでは、国際法上の違法な行為によって損害を受けた個人は、加害国に対して国際法上に基く損害賠償請求権を有するであろうか。

この点を論ずるには、まず、個人も当然に国際法上の権利主体となりうるか、という問題を考察しなければならない。国際法における伝統的な考え方は、国際法が国家間の関係を規律する法であるからとか、国際法が国家間の合意に基いて成立するものであるからとかいう理由のもとに、国際法上の権利主体を国家に限定している。しかしながら、国際法が従来主として国家間の関係を規律していたというところから、当然に個人が国際法上の権利主体とならないという結論は出てこないし、また、国際法定立の主体は、必ずしも国際法上の権利主体とは関係がない。また、国際法は国内的に必ずしも効力をもつとは限らないから、個人は権利主体とならないという見解もあるが、国際法が国内で効力をもたないときでも、国際法が個人に主体性を承認することは理論上可能であるから、この考え方も妥当ではない。このように、国際法の本質を論じてみても、それによって当然に国際法上の権利主体が国家に限定されるという結論は出て来るものではない。

（三）それでは、逆に個人は常に国際法上の権利主体となりうるか。個人の国際法上の主体性は、国際法（主として条約）が個人の権利義務に関して規定している場合に、はじめて問題となるのであるが、この場合、国際法学説として、国際法上個人の権利義務が規定されていれば、それだけで個人に国際法上の権利義務が生ずるとする考え方と、個人がその名において国際法上権利を主張し、義務を追求される可能性がなければ国際法上の権利義務が生じたとはいえないとする考え方とが対立している。

この対立は、国際法主体、ひいては法主体性一般に関する理解の仕方の相違によって生ずるものであるが、一般的にいって、ある者に権利主体又は法主体性が認められるということは、その者の名において権利を追求し、義務を負わされる可能性をもつことを意味するのである。従って、国際法上の権利主体が認められるためには、やはり国際法上自己の名において権利を主張しうるとともに、義務を負わされる可能性がなければならない、と解すべきであろう。従ってこういう点からみれば、後者の考え方が正当である。

そこでこのような意味で個人の国際法上の主体性を認めた条約を調べてみると、個人の出訴権を直接認めた例としては、一九〇七年ヘーグ平和会議で採択された国際捕獲審検所設置に関する条約、同年中米五ケ国間で締結された中米司法裁判所設置に関する条約及び第一次世界大戦後のヴェルサイユ条約その他の講和条約（サン・ジェルマン条約、トリアノン条約、ローザンヌ条約、ヌイ条約）の各経済条項を挙げることができる。

国際捕獲審検所設置に関する条約は批准されず、実定国際法とはならなかったし、またそれが国内捕獲審検所の検定に対する不服申立の機関であるという意味からも特殊なものである。また、中米司法裁判所設置に関する条約は中米五ケ国間で約一〇年間行なわれたにすぎないから、いずれもここで一般的な問題の考察の対象とすることは、不適当であろう。

これに反して、ヴェルサイユ条約その他の講和条約は第一次大戦当事国の国民の財産上の権利関係についてその訴訟を取り扱うため、混合仲裁裁判所を設定する旨規定した。そして例えばヴェルサイユ条約によれば、同盟及び連合国の国民はドイツ政府の行なった戦時非常措置又は移転措置の適用によって、ドイツ領土内にあったその財産、権利又は利益に関して受けた損害について、ドイツ政府を相手として直接に損害賠償請求の訴を混合仲裁裁判所に提起することが認められ、しかも自国の政府の意思とは全く関係なしに、自己の名において混合仲裁裁判所に訴を提起することができるとされた。従って、この場合には、個人は国際法上の権利主体を認められたということができる。

そこで、この例によって、個人が一般的に国際法上の主体性を認められたとの議論もあるが、この議論は正しいとはいえない。なぜならば、この場合、損害賠償の対象となるのはドイツ政府のとった戦時非常措置又は移転措置の適用によってドイツ領土内にあった財産、権利又は利益に関する損害に限られるのであって、ドイツの戦争遂行から生じた一切の損害を蔽《おお》うものではないし、またこの損害賠償請求権は同盟及び連合国の国民に限られ、敗戦国の国民には出訴権が認められていないからである。しかも、混合仲裁裁判所は個々の戦勝国とドイツとの間に一つずつ設置される臨時特設の裁判所である。そして最も重要なことは、これらがすべて前記のとおり具体的な条約によって規定され、これを基礎としているということである。従って、これを根拠として個人の国際法上の権利主体が一般的に認められ、これを国際法上主張する手続が保障されたというにはまだ不十分である。やはり、前記混合仲裁裁判所の例にみられるように、具体的に条約によって承認された場合に限り、はじめて国際法上の権利主体となると解するのが相当である。

(四) 原告は、個人の権利はその本国政府によって行使されるから国際法上個人が請求権を有するという趣旨の主張をしている。しかしながら、その趣旨が国家はその国民のために、その代理人として、国民の名において国際法上権利を行使するというのであれば、国際法上そのような先例はないし、またこれを是認すべき国際法上の根拠は何もない。

もっとも、国家がその国民のために国家の名において相手国に対し、国民の被《こうむ》った損害の賠償を請求することは、国際法によって認められている。これは、周知のとおり、外交的保護と呼ばれているものであるが、外交的保護は国家自身の外交的保護権に基く行為であって、これによって個人の請求そのものが提出されるのではなく、損害賠償請求は国家自身の請求として提出されるのである。そして外交的保護権を行使するかどうかは、国家が自らの判断により決定し、しかも自らの名において行使するのであって、国民を代理するわけではない。この現象をボーチャード等は「個人の請求権の国家の請求権への没入」と呼んでいる。この場合に、国家はいかなる形で、いかなる内容の要求をするか、それをどういう風に解決するかについて、全く国民から干渉されないのであり、請求する賠償の額も国民の被った損害をそのまま提出するものとは限らないし、またこれによって得た賠償をどのように分配するかも国家がその意思によって自由に決定し得るのである。従って、この場合、個人が国際法上の権利主体であると考える余地はないといわなければならない。

(五)以上述べてきたところでわかるように、国際法上違法な戦闘行為によって被害を受けた個人は、前記のような例外の場合を除いて一般に国際法上その損害賠償を請求する途はない。従って、残るところは交戦国の一方又は双方の国内裁判所に救済を求めることが可能かどうかということに帰する。

しかしながら、日本国の国内裁判所による救済は、これを求めることができない。なぜならば、被害者は相手国を被告として、本件でいえば原告等は米国を被告として、我が国の裁判所に訴を提起することになるが、国家が他の国家の民事裁判権に服しないことは、国際法上確立した原則であり、我が国においてもこの原則を承認している（大審院昭和三年(ク)第二一八号同年一二月二八日決定民集第七巻一一二八頁）からである。

（六）それでは、米国の国内裁判所による救済が認められるであろうか。

これについては、米国の国内裁判所に裁判権があるかどうか、原告等が外国人として出訴権を認められているかどうか等の手続法上の問題と、実体法上の問題とを検討しなければならないが、実体法上の問題について結論をいえば、米国の国内法においては、原告等は米国及び大統領トルーマンに対して不法行為に基く責任を問うことができないのである。

すなわち、米国国内法においては一九世紀以来一貫して、いわゆる主権免責の法理が適用されてきた。これは英国における「国王は悪をなし得ない」の原則と同様に、国家はその公務員が職務を遂行するに当って犯した不法行為について賠償責任を負わないという原則である。この主権免責の法理は、必要によって課せられた政策に基くものといわれ、或は全国民が不法行為をするということはおかしいと説明され、或は国家が行なうことは適法でなければならないと説かれ、判例及び学説によって、さまざまな理由付けが試みられている。そして主権免責の法理は、国家のみならず、大統領を含めて国家の最高執行機関にも適用され、これらの者がその職務を遂行するに当って犯した不法行為については個人としてその責任を負わないものとされているのである。「国王は悪をなし得ない」という英国の法理がそのまま米国に継受されなかったことは、原告等の主張するとおりであって、これとほぼ同様の理論である主権免責の法理が何故米国において適用されるに至ったか、その経過はよくわからないといわれている。しかしながら、米国において主権免責の理論が一般的に通用していたことは、否定する余地が全くないのであって、原告等の主張するように、原子爆弾がその破壊力においていかに強大であるにもせよ、この理論を破砕し去ったとはとうてい考えられないのである。

第二次世界大戦後、米国は一九四六年八月に連邦不法行為請求権法を制定し、不法行為に関する国家の賠償責任を認めるに至った。しかしながら、なお広汎な例外を設けており、国家の行政機関が裁量的職務を遂行した場合には国家は責任を負わないし、陸海軍の戦闘行為についてもその責任を負わないと定め、更に外国において生じた請求権を除外しているのである。してみれば、以上に述べた理由だけからしても、米国国内法に基き米国及び大統領トルーマンに対して不法行為に基く損害賠償責任を問うことはできないというほかはない。この結論は、原子爆弾投下当時に出訴しようと、連邦不法行為請求権法の制定後に出訴しようと差異がないことは、自明の理である。

（七）以上において個人が国際法上の請求権を日米両国の国内裁判所において訴求する場合に関して検討を加えたが、個人が日米両国の国内法上不法行為が成立するとして日米両国の国内裁判所に損害賠償請求の訴を提起する場合にも、前記の議論はそのままあてはまるであろう。従って、ここに敢て繰り返す必要もないが、国内法上の請求権についても、日米両国の国内裁判所のいずれにおいてもその救済を求めることはできないという結論になるわけである。

五、対日平和条約による請求権の放棄

（一）本訴に関する結論の過半は、既に述べてきたところから自ら導き出されるであろう。しかしながら、まだ問題のすべてが終っているわけではない。なぜならば、日本国と米国との間の戦争状態から生じた権利義務が両国間の条約でどのように処理されているか、ことに個人の国際法上の請求権が条約上どのように規定されているかは、なお検討を必要とするからである。

（二）一九五一年九月八日サンフランシスコ市において調印され、一九五二年四月二八日より効力を生じた、連合国と日本国との平和条約（「対日平和条約」）第一九条(a)は、「日本国は戦争から生じ、又は戦争状態が存在したためにとられた行動から生じた連合国及びその国民に対する日本国及びその国民のすべての請求権を放棄し、かつこの条約の効力発生の前に日本国領域におけるいずれかの連合国の軍隊又は当局の存在職務遂行又は行動から生じたすべての請求権を放棄する。」と規定している。

この条項で放棄された「日本国の請求権」が条約及び慣習国際法に基いて日本国の有する一切の請求権を意味することは明らかであろう。従って、例えば、違法な戦闘行為によって日本国に生じた損害賠償請求権などは、当然この中に含まれる。

(三) それでは、放棄された「日本国民の請求権」とは、いかなるものを指すのであろうか。被告は、日本国と日本国民とでは法主体が異るから、日本国がその国民の権利を放棄することはできず、従ってそこで放棄されているのは日本国の外交的保護権にすぎないと主張する。

しかし、この考え方は正しくない。外交的保護権は、既に述べたように、国家の固有の権利である。従って、第一九条(a)でいえば、「日本国の請求権」の中に含まれるものである。のみならず、一般的な表現として、「日本国民の請求権」とは実体的な権利であると考えられるのに反して、外交的保護権とは、自国民の相手国に対するその国の国内法上の権利を伴って発動する例が多いとはいえ、あくまでも手続的な権利であると考えられるからである。

（四）また、国家は、法主体として別個の存在である国民の請求権を放棄することはできない、という考え方がある。そこにいう国民の請求権が国際法上の権利を指すものとすれば、まさにそのとおりであろう。しかし、国家が自国民の国内法上の請求権を放棄することは、可能であるといわなければならない。というのは、国家はその統治権の作用により、国内法上の一定の手続により、国民の権利義務について設定、変更、廃止することができるから、かような関係にある国民の権利を、国家が相手国に対して放棄することを約束することは、事の当否はともかくとして、法理論としては可能だからである。このことは、対日平和条約第一四条(a)2(1)で、日本国が連合国内にある日本国民の財産（いわゆる在外財産）を連合国が処分する権利をもつことを承認していることからも明らかである。そしてこの場合に放棄の対象とされるのは、国民の国内法上の権利であることは容易に理解できるであろう。

（五）そうすると、第一九条(a)で放棄された「日本国民の請求権」は、日本国民の連合国及び連合国民に対する、日本国及び連合国における国内法上の請求権と解するのが自然であろう。安井郁、田畑茂二郎、高野雄一の各鑑定も、これが日本国民自体の権利であることについては結論が一致している。そして、日本国政府においても、これが国民の権利であると考えていたことは、昭和二六年（一九五一年）一〇月一七日衆議院平和条約及び日米安全保障条約特別委員会における政府委員西村熊雄（当時の外務省条約局長）が、対日平和条約の逐条説明で、その趣旨の説明をしていることからも明らかである。

（六）原告等は、「日本国民の請求権」の中には個人の国際法上の請求権も含まれている、と主張する。

しかし、前にも述べたように、個人の国際法上の請求権は条約によって規定され、かつ国際的に出訴権その他個人がその名においてこれを主張することのできる手続的保障が存在してはじめて認められるのであるが、対日平和条約ではもちろんこのような手続的保障を認めてはいない。のみならず、原告等の主張するように、日本国民の国際法上の請求権がこの中に含まれているものと解するとすれば、この条約によってはじめて日本国民の国際法上の損害賠償請求権が認められ、それと同時にこれが放棄されたということにならざるを得ない。しかしながら、条約でこのような特別なテクニックを用いたものと考えるのはまことに不自然であるし、またこのようなテクニックを用いる必要は全然ないのである。けだし、対日平和条約以前に、条約の規定をまたず当然に、個人に国際法上損害賠償請求権が認められた例はないからである。従って、対日平和条約は日本国民個人の国際法上の損害賠償請求権を認めたものではなく、従ってまた、それを放棄の対象としたわけでもないのであって、対日平和条約第一九条(a)で放棄されたのは、日本国民の日本国及び連合国における国内法上の請求権であるということになる。

六、請求権の放棄による被告の責任

（一）原告等は、被告が対日平和条約第一九条(a)によって原告等が米国及びトルーマンに対して有する国際法上及び国内法上の損害賠償請求権を放棄したことによって、これを喪失したと主張する。

しかしながら、国際法上の請求権が前記条項において放棄の対象とならなかったことは、さきに述べたとおりであり、放棄の対象とされた国内法上の請求権もその存在を認め難いことは、既に説明したとおりである。さすれば、原告等は喪失すべき権利をもたないわけであって、従って法律上これによる被告の責任を問う由もないことになる。

（二）人類の歴史はじまって以来の大規模、かつ強力な破壊力をもつ原子爆弾の投下によって損害を被った国民に対して、心から同情の念を抱かない者はないであろう。戦争を全く廃止するか少なくとも最少限に制限し、それによる惨禍を最少限にとどめることは、人類共通の希望であり、そのためにわれわれ人類は日夜努力を重ねているのである。

けれども、不幸にして戦争が発生した場合には、いずれの国もなるべく被害を少なくし、その国民を保護する必要があることはいうまでもない。このように考えてくれば、戦争災害に対しては当然に結果責任に基く国家補償の問題が生ずるであろう。現に本件に関係するものとしては「原子爆弾被害者の医療等に関する法律」があるが、この程度のものでは、とうてい原子爆弾による被害者に対する救済、救援にならないことは、明らかである。国家は自らの権限と自らの責任において開始した戦争により、国民の多くの人々を死に導き、傷害を負わせ、不安な生活に追い込んだのである。しかもその被害の甚大なことは、とうてい一般災害の比ではない。被告がこれに鑑み、十分な救済策を執るべきことは、多言を要しないであろう。

しかしながら、それはもはや裁判所の職責ではなくて、立法府である国会及び行政府である内閣において果さなければならない職責である。しかも、そういう手続によってこそ、訴訟当事者だけでなく、原爆被害者全般に対する救済策を講ずることができるのであって、そこに立法及び立法に基く行政の存在理由がある。終戦後十数年を経て、高度の経済成長をとげた我が国において、国家財政上これが不可能であるとはとうてい考えられない。われわれは本訴訟をみるにつけ、政治の貧困を嘆かずにはおられないのである。

七、結び

以上の理由により、原告等の本訴請求はその余の点について判断するまでもなく失当であるから棄却を免れない。よって、訴訟費用について民事訴訟法第八九条、第九三条を適用して主文のとおり判決する。

東京地方裁判所民事第二四部
裁判長裁判官　古関敏正
裁判官　三渕嘉子
裁判官　高桑昭

（第一表）

被害地	被害前の人口
広島市	四一三、八八九人
長崎市	二八〇、五四二人

死傷者

被害地	区分	人数
広島市	死者	二六〇、〇〇〇人
	行方不明	六、七三八人
	重傷	五一、〇一二人
	軽傷	一〇五、五四三人
	計	四二三、二九三人
長崎市	死者	七三、八八四人
	傷者	七六、七九六人
	計	一五〇、六八〇人

（第二表）

被害地	被害前の人口	死傷者	
広島市	三三六、四八三人（昭一九、人口）	死者	七八、一五〇人
		傷者	五一、四〇八人
長崎市	二七〇、〇六三人（昭一九、人口）	死者	二三、七五三人
		傷者	四一、八四七人

（第三表）

国際法規を無視せる惨虐の新型爆弾
帝国、米政府へ抗議提出（＊昭和二〇年八月八日）

去る六日広島市に対して行なわれたB29による新型爆弾の攻撃に関し帝国政府は十日左の抗議をスイス政府を通じ米国政府に提出すると共に同様の趣旨を赤十字国際委員会にも説明するよう在スイス加瀬公使に対し訓令を発した。

「米機の新型爆弾による攻撃に対する抗議文」

本月六日米国航空機は広島市の市街地区に対し新型爆弾を投下し瞬時にして多数の市民を殺傷し同市の大半を潰滅せしめたり、広島市は何ら特殊の軍事的防備乃至《ないし》施設を施し居らざる普通の一地方都市にして同市全体として一つの軍事目標たるの性質を有するものに非ず、本件爆撃に関する声明において米国大統領「トルーマン」はわれらは船渠《せんきょ》工場および交通施設を破壊すべしと言ひをるも、本件爆弾は落下傘を付して投下せられ空中において炸裂し極めて広き範囲に破壊的効力を及ぼすものなるを以ってこれによる攻撃の効果を右の如き特定目標に限定することは技術的に全然不可能なこと明瞭にして右の如き本件爆弾の性能については米国側においてもすでに承知してをるところなり、また実際の被害状況に徴するも被害地域は広範囲にわたり右地域内にあるものは交戦者、非交戦者の別なく、また男女老幼を問はず、すべて爆風および輻射熱により無差別に殺傷せられその被害範囲の一般的にして、かつ甚大なるのみならず、個々の傷害状況よりみるも未だ見ざる惨虐なるものと言うべきなり、抑々《そもそも》交戦者は害敵手段の選択につき無制限の権利を有するものに非ざること及び不必要の苦痛を与うべき兵器、投射物其の他の物質を使用すべからざることは戦時国際法の根本原則にして、それぞれ陸戦の法規慣例に関する条約附属書、陸戦の法規慣例に関する規則第二十二条、及び第二十三条（ホ）号に明定せらるるところなり、米国政府は今次世界の戦乱勃発以来再三にわたり毒ガス乃至その他の非人道的戦争方法の使用は文明社会の輿論により不法とせられをれりとし、相手国側において、まづこれを使用せざる限り、これを使用することなかるべき旨声明したるが、米国が今回使用したる本件爆弾は、その性能の無差別かつ惨虐性において、従来かかる性能を有するが故に使用を禁止せられをる毒ガスその他の兵器を遥かに凌駕しをれり、米国は国際法および人道の根本原則を無視して、すでに広範囲にわたり帝国の諸都市に対して無差別爆撃を実施し来り多数の老幼婦女子を殺傷し神社仏閣学校病院一般民家などを倒壊または焼失せしめたり、而《しか》して今や新奇にして、かつ従来のいかなる兵器、投射物にも比し得ざる無差別性惨虐性を有する本件爆弾を使用せるは人類文化に対する新たなる罪状なり帝国政府は自からの名においてかつまた全人類および文明の名において米国政府を糾弾すると共に即時かかる非人道的兵器の使用を放棄すべきことを厳重に要求す。

おわりに

本書の編集に携われたことは、私にとって大きな歓びです。ご教示を賜りました皆様に厚く御礼申し上げます。本書をまとめるにあたって、主に以下の書籍、および映像作品を参照させていただきました。知識不足の私には、教えられること、改めて気づかされることが多々あり、執筆を続ける力にもなりました。本当にありがとうございました。

・『原爆初動調査・隠された真実』ＮＨＫスペシャル取材班著（早川書房刊）
・『三淵嘉子と家庭裁判所』清永聡編著（日本評論社刊）
・ＮＨＫスペシャル「原子爆弾・秘録・謎の商人とウラン争奪戦」（ＮＨＫ広島）
・ＮＨＫ映像の世紀「マンハッタン計画・オッペンハイマーの栄光と罪」（ＮＨＫ）
・日本反核法律家協会オフィシャルサイト

原子爆弾が広島、長崎に投下されてから、間もなく八〇年になろうとしています。その間、原爆投下国アメリカは、その責任を一切負おうとせず、戦争犯罪である原爆投下の実態を覆い隠す捏造を行なってきました。原爆が引き起こす健康被害、原爆症に対する正しい救済の策を探り、講じることをしてきませんでした。

終戦後アメリカ軍は、広範かつ詳細な調査を行なったが、その内容は公開されることなく、被害者救済に反映されることはほとんどありませんでした。調査活動が秘密裏に行なわれ、日本などの医学者・医療従事者に公開されなかったことが原爆症救済への道を閉ざしています。

世界は目まぐるしく進歩しているようで、まだ、八〇年前の米国将軍の頑なに貫いた「信念・執念」に呪縛されています。鬼籍に入られて久しい彼は、いまも固執を続けたいのでしょうか。

令和六年五月

山我　浩

【引用・参考資料】

・『原爆初動調査・隠された真実』ＮＨＫスペシャル取材班著（早川書房）
・『三淵嘉子と家庭裁判所』清永聡編著（日本評論社）
・日本反核法律家協会オフィシャルサイト
・『原爆はこうしてつくられた』レスリー・Ｒ・グローブス著（恒文社）
・『ヒロシマ』ジョン・ハーシー著（法政大学出版局）
・『追想のひと三淵嘉子』三淵嘉子さん追想文集刊行会編
・『女性法曹のあけぼの』佐賀千恵美著（金壽堂出版）
・『滞日十年』ジョセフ・グルー著（筑摩書房）
・『大本営参謀の情報戦記』堀栄三著（文春文庫）
・『源田の剣』高木晃治・ヘンリー境田共著（双葉社）
・『シラードの証言』レオ・シラード著（みすず書房）
・『日米開戦をスクープした男』後藤基治著（新人物文庫）
・『真珠湾の代償』福井雄三著（毎日ワンズ）

・『原爆・私たちは何も知らなかった』有馬哲夫著（新潮社）
・『歴史問題の正解』有馬哲夫著（新潮社）
・『原爆の落ちた日』半藤一利・湯川豊共著（PHP文庫）
・『日本原爆開発秘録』保坂正康著（新潮社）
・『まさかの大統領』A・J・ベイム著（国書刊行会）
・『トルーマン回顧録』ハリー・トルーマン著（恒文社）
・『オレンジ作戦』NHK取材班編（角川書店）
・『トルーマン・レター』高嶋哲夫著（集英社）
・『第二次世界大戦回顧録』W・チャーチル著（毎日新聞社）
・『真珠湾への道』大杉一雄著（講談社）
・『真珠湾の冬』J・ケストレル著（早川書房）
・『真珠湾作戦回顧録』源田実著（文春文庫）
・『第二次世界大戦秘史』加瀬俊一著（光人社）
・『加瀬俊一回顧録』加瀬俊一著（山手書房）

本文ＤＴＰ・カバーデザイン／長久雅行

原爆裁判　アメリカの大罪を裁いた三淵嘉子

第一刷発行――二〇二四年六月二〇日
第八刷発行――二〇二四年九月三〇日

著者――山我浩
編集人――祖山大
発行人――松藤竹二郎
発行所――株式会社 毎日ワンズ
〒一〇一-〇〇六一
東京都千代田区神田三崎町三-一〇-二一
電話　〇三-五二一一-〇〇八九
FAX　〇三-六六九一-六六八四

印刷製本――株式会社 シナノ
©Hiroshi Yamaga Printed in JAPAN
ISBN 978-4-909447-29-6
落丁・乱丁はお取り替えいたします。

好評発売中！

明治維新の正体
［新書改訂版］

鈴木荘一 著

ISBN 978-4-909447-24-1 C0221　320頁　定価1,100円＋税